名师名校名校长

凝聚名师共识
回应名师关怀
打造名师品牌
培育名师群体

陈明远书

琅琅书声诵经典：

中学经典名著阅读的探究

陈冰清 ◎ 编著

吉林文史出版社

图书在版编目（CIP）数据

琅琅书声诵经典：中学经典名著阅读的探究 / 陈冰清编著. — 长春：吉林文史出版社，2023.4
ISBN 978-7-5472-9364-5

Ⅰ.①琅… Ⅱ.①陈… Ⅲ.①阅读课—中学—教学参考资料 Ⅳ.①G633.332

中国国家版本馆CIP数据核字（2023）第069964号

琅琅书声诵经典：中学经典名著阅读的探究
LANGLANG SHUSHENG SONG JINGDIAN：
ZHONGXUE JINGDIAN MINGZHU YUEDU DE TANJIU

编　　著：陈冰清
责任编辑：刘姝君
封面设计：言之凿
出版发行：吉林文史出版社
电　　话：0431-81629369
地　　址：长春市福祉大路5788号
邮　　编：130117
网　　址：www.jlws.com.cn
印　　刷：北京政采印刷服务有限公司
开　　本：170mm×240mm　1/16
印　　张：11.5
字　　数：207千字
版 印 次：2023年4月第1版　2023年4月第1次印刷
书　　号：ISBN 978-7-5472-9364-5
定　　价：58.00元

前言

  本书共有三十五讲，是广东省特级教师、正高级教师、省名师工作室主持人陈冰清（二十八讲）及工作室部分成员（七讲）的合辑。主要是笔者及工作室学员在过去的一年中，引导学生读书的种种尝试，内容涉及多部名著。

  第一讲，首先谈到阅读量、阅读书目以及阅读方法引领（这是陈冰清在电台呼吁读书的脚本，播出后反响非常好）；然后就读书的有效性进行厘定：智力读书提升综合素养，娱乐读书纯粹有消耗时间之嫌；最后摘取苏霍姆林斯基关于读书的部分经典名句，从教育大家、教育经典中汲取营养，旨在告诉学生读什么书，书该怎么读。

  第二至第五讲，就教材几个名篇聚焦主题或写法进行个性化解读。《故乡》聚焦典型鲁迅式的对话描写：既惜墨如金，又恣意铺洒；《我的叔叔于勒》聚焦两个"据说"，对小说进行深度的主题解读；《走一步，再走一步》聚焦心理描写，学生极容易模仿又拍案叫绝；《老王》抓住"闲话"和"愧怍"两个关键词深挖，培养学生的思辨力。

  第六至第三十五讲，主要就《儒林外史》和《水浒传》等经典名著，从人物、主题及写法等维度进行解读，有直接解读，也有通过设题培养学生的思考力。

  对人物的解读主要采用归类比较法。比如同一名著内的人物对比，《儒林外史》中周进和范进、严贡生和严监生，还有三"牛"、鲁小姐和沈琼枝两才女，底层人物鲍文卿和凤鸣岐；《水浒传》中三个打虎英雄、太公们、女汉子们。还有不同名著的人物对比，比如两位行者——武松和孙悟空对比；祥子和保尔、简·爱和虎妞反向对比。通过人物群像正向或反向对比，给学生提供名著解读样本，培养学生跳读和勾连的横向比较阅读能力。第六讲最为典型，中心人物为杨志，通过杨志与林冲，与索超，与鲁达，与生辰纲等发生各种关系，学生通过跳读，反复揣摩，在把握关系中了解、理解人物，思考、探究主题。当然也有人物个体纵向解读，如杜少卿、马二、匡迥、探春等，把握人物经历、遭际，判断人物性格、风格。

名著主题解读，比如《傅雷家书》的父爱，以及怎么表达父爱，《儒林外史》五次真假聚会，《朝花夕拾》儿童教育等也是采用归类法。名著写法方面，聚焦《儒林外史》蘧鲁婚礼的场面描写、《朝花夕拾》七组对比等。

本书解读人物或事件以选文为依据，呈现立体人物或人物群像，凸显人物性格以及作品主题；每讲相对独立，或是情节片段加问题牵引，或是情节片段加纯解读。无论哪种读法，均旨在为学生阅读文本提供阅读角度和阅读方法，同时也为一线教师上名著导读课提供借鉴和参考。

笔者经验不足，错漏之处敬请批评指正。

陈冰清

2022年10月于云浮

目 录

第一讲 关 于 读 书

一、校园之声——名师课堂之谈读书

有人说，读书是世界上门槛最低的高贵举动。

高尔基云，书籍是人类进步的阶梯。

苏联教育家苏霍姆林斯基曾说，想优秀吗？读书吧！想更优秀吗？读书吧！

苏州大学教授说，一个人的阅读史就是一部心灵成长史。

阅读的重要性毋庸赘言，老少皆知。

下面我从阅读量、阅读书目、阅读引领和方法三个维度跟大家谈一谈。

1. 阅读量

量变产生质变，没有量的积累一切都是空谈。阅读也是一样。

每次上七年级第一节语文课，我都喜欢做阅读量调查：六年小学读过100本书的学生寥寥无几。小孩的书，100本可能也就300万字。

从学校学生的层面，课标对9年义务教育的阅读量要求为400万字。可横向对比，上海9年义务教育阅读量要求为3000万字，教育硅谷——北京海淀小学四年级的阅读量达到4000万字。我曾经接触过本地很多优秀的孩子，都是区里的佼佼者，我问他们小学干了什么，他们说做了很多试卷，学校两套，父母又买了几套同步。去省内名校读书的孩子回来跟我说，老师，他们看过很多书，好像什么都知道一样，视野好广。跟家长聊天，说孩子听老师的，老师要求他读他就会读；跟老师沟通，老师说，阅读习惯是家长培养的。

我既是语文教师，又是孩子的家长，可以负责任地说，阅读习惯的确是家长培养的，一个家庭没有读书氛围，孩子很难培养出读书习惯。有的家庭除了孩子的教科书，一本书都找不到，还埋怨孩子成绩不好，家长应该深刻反思自己的引领作用。

但学校对阅读的重视，比如开书目单、做阅读卡、举办读书交流会等，这些都是学校责无旁贷的。交流与碰撞是人的社会性，跟年龄无关，如果地球只有一个人了，你想干什么就干什么，或什么也不想干就什么都不干——没有互动，没人欣赏。

这几年我坚持跑步，一般一周三四次，一次三到五公里。刚开始体育老师告诉我，呼吸要跟脚步协调。起初我总是特别去注意，结果邯郸学步，两样都不自然，不了了之。后来我发现我跑多了，呼吸跟脚步自然就协调了，正如有个很优秀的女孩跟我说，优秀是时间的产物，是反思的产物。那么，你拿着别人的经验还有什么用？

读书也一样。当你累积到一定量，自然也就触类旁通。比如阅读速度，初中要求每分钟500字，九成的学生达不到，思维的速度根本跟不上眼球移动速度。比如理解力等，500万字都没读过，怎么蓄养感受力和理解力？更遑论敏锐和深刻了。

对于学生来说，阅读量也很难一刀切。但作为中学生，我认为他们1000万字是必达目标，大概15部《红楼梦》吧，优秀的3000万～5000万字更好。如果一个孩子坚持一天40分钟到1个小时的阅读，大概每天1万～2万字。一年下来350万～700万字，这个阅读量就已经不错了。关键在于坚持不懈，任何数字跟365天相乘都很可观。

语文成绩好的孩子有两种：一种是阅读量大的孩子，是绿色的好，好得长久，也会带动其他学科的学习；一种是做很多试卷的孩子，是红色的好，好不久，对其他学科的理解也会受到限制。现在很多中考、高考题都将名著考查作为一个分值安排。当然孩子的学习成绩能到何种程度，跟天资关系也很大，但可以肯定的是海量阅读开发智力。

2. 阅读书目

接下来谈谈阅读书目问题。现在网络和物流非常发达，对于山区和经济相对滞后地区的孩子真是便利多了。现在云浮也有了新华书店，非常不错，是爱阅读孩子的福地。

很多家长喜欢问我要书目，孩子家长一定要把关书目，童话故事、绘本都要选适合的。广州购书中心专门有个杨红樱书馆，我看很多孩子都趴在那里看，只遗憾蛮多家长都在旁边看手机。一部手机和一本书两者选，我相信爱因斯坦也会选择前者。三年级开始学生除了阅读一些通俗小说、科普故事等外，还要阅读一些经典的作品，比如名著的简易版、缩略版、故事版，打好底色；到了12岁一定要读经典，读原著。孩子并不是所有的名著都喜欢的，家长也不要过分要求，不要为了短期的考分而牺牲长期的兴趣。

关于买书，我要强调一下，不是买了就一定要读，也不是现在买了就现在一定要读。对于阅读，急功近利最是要不得的。有些书买了就后悔，不对胃口，有些买了可能束之高阁，几年后又觉得特别好。好多年前我的学生问我有没有看过《追风筝的人》，我摇头。后面我买回来也放了好久，早几年我认真看了几次，特别喜欢。这是美籍阿富汗裔作家卡勒德·胡赛尼的第一部小说深刻地触及人性的背叛和救赎，文字翻译也很优美到位，我本人特别喜欢。我一直游说我孩子看看，到现在她也没拿起过，我相信说不定哪天她也会像我一样入迷。

3. 阅读引领和方法

关于阅读引领，前边也提到一些，家长的率先垂范、学校的平台搭建、考卷的分值安排等，三者都很重要。但最后一定要落到兴趣上，长期的行动会有惯性，长期的坚持定能产生享受——享受读书，享受阅读体验。

总结一下阅读的三个层次：一层是通俗，二层是严肃，三层是经典。

通俗的特定含义是易懂搞笑、喜闻乐见，符合孩子的心理和行为。严肃是关注成人的世界，让孩子与世界建立联系，比如《哈利·波特》《三体》《白鹿原》等都算严肃读本。经典，即经得起时间的检验，大浪淘沙，但这些作品不容易读下去。它们有内涵，有持久的可读性，比如《红楼梦》《水浒传》《西游记》，每本都是70万～80万字。初中课标要求读的《简·爱》也有近50万字。这些大部头好多学生是啃不下去的。看惯了通俗，觉得严肃累人；

看惯了严肃，觉得经典复杂。从通俗到严肃，从严肃到经典，这其中两个过渡阶段，大概在8岁和12岁产生。这两个转折很重要，否则台阶很难迈上去，因为人的本性都是追求舒适的。但当你领略到经典的风景后，通俗作品可能就索然无味了，不论语言还是思想。就像吃饭，肉和牛奶有营养，但口味不一定很诱人，肯德基、麦当劳、撸串儿口味好，但对人身体好处不大，甚至还有坏处。

让孩子读经典，爱上经典，家长和老师的引导至关重要。我认为这时候必须干预，而且要有意识地干预。

干预首先要有思想的渗透，告诉孩子什么时候该读什么书。驾轻就熟、喜闻乐见的作品谁不喜欢？关键再往上一步便不会那么舒适了。即使鲁迅也认为，有些大部头需要用心去啃，不可能那么轻松自如。名家尚且要理性去啃，何况你我凡人。

另外，阅读就要有意识地让学生以言行参与其中。不论家长还是老师都可以采用这些方法。一是抽取情节，比如《骆驼祥子》中虎妞难产后，祥子的生活发生了怎样的变化？《钢铁是怎样炼成的》中复述保尔的几次受伤。二是表达看法，比如《简·爱》，为什么作者要设计简·爱获得一笔遗产，罗切斯特的庄园毁于大火、眼睛失明后，两人才能相守，体现出作者夏洛蒂·勃朗特怎样的思想？《水浒传》中，鲁智深、武松和林冲三人的经历和性格怎样？你怎么看待？

家长或老师提出关于情节、关于思想的问题，让孩子来说，孩子可以利用网络，可以和家长或老师互动。我认为这是亲子、师生之间最有质量的对话，因为这个过程其实就是孩子吸收名著营养的过程。如果看一部书就只肯涉猎情节、结局怎样，显然是不够的。对于阅读内容，阅读者要一边欣赏一边批判，并且纳入自己的知识体系。这才是阅读的目的。

二、论智力阅读和娱乐阅读

开卷有益，阅读可以怡情，可以启智。阅读之于学业，之于人生，其作用不言而喻。

生活中有酷爱看书者，课上偷偷，课下须臾，回到宿舍秉烛，往往如痴如醉，可追查其学业，不尽如人意。殊不知阅读也有品质区别，有高下优劣之分。

凡阅读猎情节，求速度，一气呵成，不求甚解者，看完即可，似乎完成了任务，这些都是娱乐阅读，犹如跑一场步，打一场球，汗流浃背，不亦快哉。究其作用，能有几分探究，能带来多少思考，能撬动几分思维而说出所以然者，寥寥也。

凡阅读不仅能思考眼前所读，而且能思考与之有联系的画面、形象、表象、事实和现象等，如此阅读，目所及，意尤远，做的是一场知识与积累、联系与思考的大脑旅行。如此高效运动，能触类旁通，能举一反三，是谓智力阅读。

真正的深度阅读才能提升思考力、思维力，才能使思维更敏捷、更迅速、更全面。

三、苏霍姆林斯基谈读书

（1）学生阅读有趣的书籍并没有抱定识记的宗旨，但其中有许多东西会被记住，这是不随意记忆。它在本质上区别于对教科书材料的有意识记和背诵，即随意记忆。这里，认识的情绪因素起着很大的作用。不随意记忆有助于人的思想活跃，思想活动越积极，它的随意记忆就越发达。如果学生看过、思考过的材料比教科书里要记熟的材料多好几倍，那么再熟记教科书就不会死记硬背了。这时的识记就成为有理解的阅读，成为一种思维分析的过程。

（2）教师在语文、历史课上的叙述引用的补充事实越多，学生对于政治的、道德的、审美的思想思考得就越深入，体验得就越深刻；而哪里有对于思想的情绪的感知，哪里就有不随意的识记。

学生智力生活的一般境界和性质，在很大程度上取决于教师的精神修养和兴趣，取决于他的知识渊博和眼界广阔的程度，还取决于教师到学生这里来的时候带了多少东西，教给学生多少东西，以及教师还剩下多少东西。对于一个教师来说，最大的危险就是自己在智力上的空虚，没有精神财富的储备。

（3）让学生阅读现代前沿科学问题的科学著作和科普读物，学生头脑中产生的疑问越多，他对课堂上和学习新教材过程中所讲的知识的兴趣就越高。在讲解新教材前让学生积累问题，是教学论值得研究的课题。

（4）许多学生不能掌握知识，乃是因为他们还没有学会流畅地、有理解地阅读，还没有学会阅读的同时进行思考。流畅的、有理解的阅读，就是一下子能用眼睛和思想把握句子的一部分或整个较短的句子，然后使眼光离开书本，念出所记住的东西，同时进行思考——不仅思考眼前所读的东西，而且思考与所读材料有联系的某些画面、形象、表象、事实和现象。在小学里，学生就应当使阅读达到这样完善的程度。

怎样才能使儿童学会流利地、有理解地阅读，使他能够既用视力又用思想快速地感知一组在意思上连贯起来的词呢？要做到这一点，必须有一系列的练习。

比如，让学生朗读一篇童话或故事（新课文），譬如一篇关于原始人生活的故事。我在他们面前的黑板上挂一张色彩鲜明的图画，上面画着原始人的生活情景：有火堆，有准备食物的情景，有捕鱼的活动，有孩子们在嬉戏，还有做衣服的情景。如果学生（这里指的是三年级学生）在朗读这篇课文时，眼睛离不开书本，以致在朗读结束时还来不及仔细地看看这幅图画，并且记住课文里根本没有写到的那些细节，这就说明他还不会阅读。眼睛一刻都离不开书本的阅读，这还不能算真正的阅读。如果学生在阅读过程中不能感知任何东西，那么他实质上就是不会同时阅读和思考，正因为如此，这种阅读才不能称为有理解的阅读。

（5）为了使孩子能够更容易地学习，教师必须使孩子克服知识跟能力之间的脱节现象。事实确实如此。不妨找一些六年级学生来，让他们从任何一本教科书里读上几段，就会发现，10人当中有5人还不会迅速地、有理解地阅读。阅读的时候要眼睛能够把握、意识能够记住整个句子，让学生能够在眼睛离开书本的时候，凭视觉记忆回想出整句话来。一个学生只有学会这样阅读，才能学会同时阅读和思考。

一个学生只有学会了同时阅读和思考，他才能不用死记硬背的方法去识记，而是一边想象一边对材料进行逻辑分析。怎样教会学生在阅读的同时进行思考呢？这就需要对学生进行长期的训练。同时教师应当记住：在小学里错过了的东西，是永远也无法弥补的。也就是说，学生在一至四年级，每天最少要有半个小时用来对新课文进行有表情、有理解的朗读，必须做到，学会在阅读的同时思考，在思考的同时阅读。

有经验的教师已经不要求学生背诵教科书中的课文了，因为教师知道，这种背诵式的"学习"有造成学生智力局限性的危险。有经验的教师在进行教学时，让学生利用原来已有的知识，对各种事实和现象进行思考和比较，然后作出独立的结论。这些教师喊学生到黑板跟前来回答问题时，让学生带着学生自己的笔记、草稿、练习本、教科书以及补充读物，并不让学生逐字逐句地复述教科书里的内容，而是让学生发表议论，进行探讨。

照本宣科、就事论事的老师，用形象的话来说，学生只能看见每棵单独的树，而看不见整个树林。例如，在学习第一次俄国革命的时候，学生不分巨细，把每个细节和日期都记住，而不是从整体上考察全部历史事件，不会从细节中进行抽象，把握整个事件的总的轮廓，思考它的意义、实质及其对人民命运的作用。只有当一个人看见树林是一个统一的整体时，他才能对每棵树形成比较完整的表象。没有看见过河，就不会懂得滴水。

第二讲　赏对话，写对话

——聚焦鲁迅《故乡》的语言描写

　　小说《故乡》塑造了两个非常典型的文学形象：闰土和杨二嫂。作者通过插叙，回忆30年前的闰土和杨二嫂，文中"我"与闰土、"我"与杨二嫂的对话描写，展示出人物鲜明的个性。在教学中，我截取了三段对话，让学生朗读、揣摩人物性格，并思考人物前后变化巨大的原因。

　　在"我"与少年闰土的对话中，闰土以孩子的率真五次回答了"我"的好奇，滔滔不绝、明快流畅地告诉"我"怎么捕鸟、怎么管瓜、怎样刺猹，这些"新鲜事""无穷无尽的稀奇的事"对"只看见院子里高墙上的四角的天空"的"我"非常有吸引力，少年闰土和少年的"我"多么亲密、多么融洽。在回忆中，闰土共说了327个字。在闰土的话语中，作者还使用了四个省略号，省略号的作用很明显：活泼、天真的孩子话多，只能用省略号代替。

　　"这不能。须大雪下了才好。我们沙地上，下了雪，我扫出一块空地来，用短棒支起一个大竹匾，撒下秕谷，看鸟雀来吃时，我远远地将缚在棒上的绳子只一拉，那鸟雀就罩在竹匾下了。什么都有：稻鸡，角鸡，鹁鸪，蓝背……"

　　"现在太冷，你夏天到我们这里来。我们日里到海边捡贝壳去，红的绿的都有，鬼见怕也有，观音手也有。晚上我和爹管西瓜去，你也去。"

　　"不是。走路的人口渴了摘一个瓜吃，我们这里是不算偷的。要管的是獾猪，刺猬，猹。月亮底下，你听，啦啦的响了，猹在咬瓜了。你便捏了胡叉，轻轻地走去……"

"有胡叉呢。走到了，看见猹了，你便刺。这畜生很伶俐，倒向你奔来，反从胯下窜了。他的皮毛是油一般的滑……"

"我们沙地里，潮汛要来的时候，就有许多跳鱼儿只是跳，都有青蛙似的两个脚……"

在"我"与中年闰土见面时，闰土说话六次，共说177个字。在封建等级、封建礼节的长期浸染下，使30年后儿时的朋友不再以哥俩相称，见面一声"分明"的"老爷"，让"我""打了一个寒噤"，"已经隔了一层可悲的厚障壁了"。

30年后，儿时的亲密伙伴不是没话说，而是因为懂"规矩"不乱说，是因为"非常难"不想说。短短的100多字，作者用十个省略号写出了中年闰土的吞吞吐吐；再加上用"脸上现出欢喜和凄凉的神情""动着嘴唇，却没有作声""只是摇头""拿起烟管来默默的吸烟"等神态、动作来描写人物，一个悲苦、麻木、迟钝的农民形象跃然纸上。

"老爷！……"

"这是第五个孩子，没有见过世面，躲躲闪闪……"

"老太太。信是早收到了。我实在喜欢的了不得，知道老爷回来……"闰土说。

"阿呀，老太太真是……这成什么规矩。那时是孩子，不懂事……"闰土说着，又叫水生上来打拱，那孩子却害羞，紧紧的只贴在他背后。

"冬天没有什么东西了。这一点干青豆倒是自家晒在那里的，请老爷……"

"非常难。第六个孩子也会帮忙了，却总是吃不够……又不太平……什么地方都要钱，没有定规……收成又坏。种出东西来，挑去卖，总要捐几回钱，折了本；不去卖，又只能烂掉……"

在"我"与杨二嫂的见面中，杨二嫂有六次说话，共189个字。一句尖利、大叫的"这模样了"，打断了"我"与宏儿的对话，未见其人，先闻其声，写出了人物的无礼放肆。后面一连串的"抱过你""贵人眼高""让我拿去""还说不阔"，"顺便"带走手套等语言、动作描写，将其刻薄、贪婪的市侩形象刻画得淋漓尽致。在"哦，我记得了"的插叙部分，杨二嫂"擦着白粉"、颧骨不高、嘴唇不薄，是个端庄、文静的"豆腐西施"。豆腐买卖本可以自给自足，后来为什么生意做不成了，连基本的生存都难以维持，堕落得如此"恣睢"，让人不禁思考其变化的原因。

"哈！这模样了！胡子这么长了！"

"不认识了么？我还抱过你咧！"

"忘了？这真是贵人眼高……"

"那么，我对你说。迅哥儿，你阔了，搬动又笨重，你还要什么这些破烂木器，让我拿去罢。我们小户人家，用得着。"

"阿呀呀，你放了道台了，还说不阔？你现在有三房姨太太；出门便是八抬的大轿，还说不阔？吓，什么都瞒不过我。"

"阿呀阿呀，真是愈有钱，便愈是一毫不肯放松，愈是一毫不肯放松，便愈有钱……"圆规一面愤愤的回转身，一面絮絮的说，慢慢向外走，顺便将我母亲的一副手套塞在裤腰里，出去了。

言为心声，怎样写出个性化语言？鲁迅说：写人物对话，应该做到即使不描写人物的模样，也应该使读者看了对话，便"好像目睹了说话的那些人"；写人物对话，"决不说到一大篇"，而总是要经过精心的提炼和加工，"删除了不必要之点，只摘出各人的有特色的谈话来"。

在教学中，我还引用《社戏》的一段对话。

"阿阿，阿发，这边是你家的，这边是老六一家的，我们偷那一边的呢？"双喜先跳下去了，在岸上说。

我们也都跳上岸。阿发一面跳，一面说道，"且慢，让我来看一看罢。"他于是往来的摸了一回，直起身来说道，"偷我们的罢，我们的大得多呢。"

如果不绘声、不绘行，直接说"双喜问阿发偷谁家的，阿发说偷他家的"，双喜和阿发的形象怎么鲜明？《故乡》中"我"与母亲有两处对话，一处是直接陈述的。

我说外间的寓所已经租定了，又买了几件家具，此外须将家里所有的木器卖去，再去增添。母亲也说好……

这里作者为什么没有展开"我"和母亲的对话，比如，我说："母亲，外间的寓所已经租定了，又买了几件家具，此外须将家里所有的木器卖去，再去增添。"母亲说："好的。"

另一处则展开对话。

"你休息一两天，去拜望亲戚本家一回，我们便可以走了。"母亲说。

"是的。"

"还有闰土，他每到我家来时，总问起你，很想见你一回面。我已经将你到家的大约日期通知他，他也许就要来了。"

为什么两处安排不一样？因为母亲不是小说塑造的主要人物，是"我"和故乡人和事的连接者。第一处关于搬家事宜交代下就好；第二处母亲的话直接提到了闰土很想见我一面，马上"复苏"了"我"的儿时记忆，从行文的角度推进了情节向前发展——况且只是对话，没有任何的神情、动作等修饰词。

但文中写少年闰土、中年闰土和杨二嫂就完全不一样了，用了相当的篇幅写人物的神态、动作，以及直接展开详细的对话，这些安排都是为中心思想服务的：30年后"故乡"的农民、市民的生活越来越困顿，精神越来越迟钝，这里面有深刻的社会因素。辛亥革命后，中国人民依然受着帝国主义和封建主义的压迫。在这个时期内，依附于帝国主义的各派军阀连年混战，地主豪绅对农民残酷压榨，使农村经济濒于破产，广大农民陷于水深火热之中。所以鲁迅要"呐喊"，呼吁"毁坏这铁屋""他们应该有新的生活，为我们所未经生活的"。

中学生作文写对话经常都是你说我说他说，你道我道他道，对话也一大片都是，密密麻麻，人物对话泛泛化，人物性格脸谱化，十几年的语文学习，学生作文现状总是让人感慨唏嘘。钱理群教授说，鲁迅是写作天才，中学生要认真研读鲁迅作品，从中借鉴吸收写作的营养。的确如此。所以中学教师教学鲁迅作品，除了深刻解读鲁迅作品的思想性外，还要引导学生学文写文，通过多读多悟，多写多改，学习借鉴鲁迅作品的人物刻画、环境烘托、对比插叙等写作技法。

　　2021年9月，《鲁迅手稿全集》面世，无数"鲁迅的细节"出现在人们的眼前。1926年10月，鲁迅在《藤野先生》手稿中写道，一将书放在讲台上，便向学生介绍自己道："我就是叫作藤野严九郎的……"在"便"字后，他添写了一句"用了缓慢而很有顿挫的声调"。

　　我想这也一定给了中学生一个很好的启示。

第三讲　体察世态，解读人性

——从两个"据说"解读《我的叔叔于勒》

　　《我的叔叔于勒》采用第一人称来叙述故事，"我"——若瑟夫是小说的一个人物，也是故事的见证者。由于第一人称的局限性，作者只能用"据说"让读者了解叔叔于勒过去是个怎样的人。

　　第一个"据说"应该是据"我"父母所说。在菲利普夫妇的眼中，弟弟于勒"糟蹋钱""是最大的罪恶"，是"坏蛋""流氓""无赖"。于勒叔叔是冒险或者做生意亏本了，还是本性糟糕，这里留了一个空白，让读者自己去想象。根据小说情节的发展，于勒到美洲不久来信，说"赚了钱""希望能够赔偿我父亲的损失"；两年后第二封信又说，"动身到南美作长期旅行，也许要好几年不给你写信"，要家人"不必担心""发了财就会回勒阿弗尔的"，并且希望与家人"一起快活地过日子"。第二封信很明显是于勒失败不愿回来的一个托词，从行文看，也是为他们在游轮上的巧遇埋下伏笔。

　　但菲利普夫妇就是因为这两封信对于勒寄予无限期望，他们眼中"一文不值的于勒"一下子变成"正直的人""有良心的人""好心的于勒"，并且总是重复那句永不变更的话，"如果于勒在这只船上，那会叫人多么惊喜呀！"甚至令全家十分发愁的女儿能够顺利出嫁，作者通过"我总认为"这样的表述，认为是沾了这封信的光。

　　可见，于勒很可能并不是本性糟糕，那么菲利普夫妇的这个"据说"可能就不是真的——很可能是因为叔叔于勒冒险或做生意赔了钱。但在菲利普夫妇的眼中，没有挣到钱反而亏了本就必须按照惯例，打发他去美洲。在他们眼中，于勒只有有钱了才是自己的亲弟弟。

小说写于1883年，是莫泊桑早期的作品。当时的法国小资产阶级贫困破产已成为普遍的社会问题。一部分不甘心破产的小资产阶级成员，纷纷踏上了漂洋过海的险途，企望在美洲、亚洲甚至非洲闯出一条大发横财的生路，梦想着有朝一日腰缠万贯荣归故里。小说对"发财""荣归"等现象进行了无情的揭露。

第二个"据说"是船长说的，说他"在勒阿弗尔还有亲属，不过他不愿回到他们身边，因为他欠了他们的钱"。很明显，这个"据说"是真的。船长用"不耐烦"和"冷冷"的语气讲述于勒的现状，让菲利普确认了眼前这个"衣服褴褛的年老水手"就是自己的弟弟，原来生活在美好谎言中的他们所有的惊喜顿时变成"惊吓"了："我父亲脸色早已煞白，两眼呆滞""神色张皇""神色很狼狈"；"母亲突然暴怒起来"，骂于勒"这个贼是不会有出息的""讨饭的"，在"我"给了他"十个铜子的小费"时，说"我""简直是疯了"。他们的表现极尽人性之丑态。

正如马蒂尔德用十年青春还36 000法郎一样，没有发财的于勒没有成为社会的寄生虫，而是选择在小游轮上卖牡蛎维持生存。文中有两个细节：一处是"我"见到"满脸愁容，狼狈不堪"的于勒叔叔后，心里默念"这是我的叔叔，父亲的弟弟，我的亲叔叔"；还有一处细节是"我""给了十个铜子的小费"这一举动。从这两点看，作者通过"我"对于勒叔叔的态度，表示出对他强烈的同情。

亲人眼中只有钱，没有人；陌生人就更是只用钱来评判人。在资本主义上升期，整个社会罔顾亲情、罔顾人伦，人与人之间只剩下赤裸裸的金钱关系，这是人性的扭曲、社会的悲哀。

马克思、恩格斯在《共产党宣言》中论述：货币能使各种冰炭难容的人亲密起来，迫使势不两立的人互相亲吻；资产阶级撕下了罩在家庭关系上的温情脉脉的面纱，把这种关系变成纯粹的金钱关系。《我的叔叔于勒》中看似不经意的两个"据说"，显示出短篇小说巨擘莫泊桑深刻的社会洞察力和人性批判。

第四讲　聚焦《走一步，再走一步》心理成长

《走一步，再走一步》是我特别喜欢的记叙文，主要原因有：初中阶段的学生处于心理发展关键期，心理成长尤其意志的强大是需要历练和实践的；初中阶段的学生写心理成长的文章占了绝大部分，《走一步，再走一步》中的心理描写太妙了，学生可模仿、可借鉴。

一、介绍作者，补充原文中的三个故事

上课伊始，我介绍作者莫顿·亨特，补充了原文中的三个故事：孤胆英雄、写作第一本书（653页）和解决中年离婚危机。并做了解读：一个小时候胆小、怯懦的男孩，长大后成为飞行员，成为作家，在往后的人生岁月中一次次化险为夷，最终成功，主要得益于童年8岁所经历的一次历险、脱险。由此引起学生强烈的向往和共情。

作者莫顿·亨特（Morton Hunt）：

美国作家（1920—2016），早年曾在空军服役，做过空军飞行员。在第二次世界大战时期，他曾驾机执行过对德国的侦查任务。是一位擅长写励志类文章的作家，也是一位专业的心理学家。他的代表作有《痛击》《心理学的故事：源起与演变》《走一步，再走一步》（原名《悬崖上的第一课》）。

故事1：

1945年1月，我驾驶飞机滑上跑道，然后用力将风门杆推向前方。我记得

至少我知道该怎样做我必须要做的。我所要做的就是让飞机起飞，然后爬上 25 000英尺的高空，然后向东飞越东英格兰。这就是我现在需要想的，这个我能行。

然后，北海就在前面。我对自己说，我要做的就是在这个位置飞行20分钟，直到我们穿过荷兰的素文岛。就这样，这个我能行。

过了舒文岛之后，领航员告诉我转向125度，然后飞行10分钟，直到我们的下一个转换点。很好，不是很困难，这个我能行。

就这样，我驾驶着轰鸣的小飞机穿过荷兰进入德国，飞过田野、森林、城市、河流和山脉。我从来没有预想过整个行程，而只想着目前的这段里程；从来没有想过还有多少时间，而是集中精力度过每个短暂的时间片段和每段测量好的里程，直到最后耀眼的阳光照射在前面波光粼粼的海面上。几分钟后我们飞离了敌占区，平安归来。

故事2：

1957年1月，在辗转反侧的多个晚上，不断思考我认为自己能够完成的不可能的书稿。我再次记起了儿时的那一刻：尽管我知道目标，但是如果我只看接下来的这一步，我就能够避开恐慌和昏头转向。

我得把目光放在第一章。我所要做的就是阅读我在图书馆找到的有关古希腊人爱情的资料，这不是那么困难。然后我告诉自己我所做的就是把笔记分类，把这一章分成几个小部分。这个我能行。然后我开始着手写第一部分，强迫自己不再去看前面的路。带着这种想法，我长长地出了一口气，然后睡着了。

就是通过这种方式，我度过了长达两年半的时间。然后，在一个令人兴奋的下午，这本书的最后一页，也就是第653页诞生了，而我就像小孩子一样，在客厅的地板上高兴地翻着跟头。几个月后，我拿到了自己所写的第一本书——《恋爱的自然史》。这本书被每月一书俱乐部选中。在我收到第一本书的几个星期之后，我读到了有关此书的第一篇主要评论，这篇表扬此书的评论刊登在《纽约时报》的书评上。有一段时间，我会偶尔翻阅这本书，对于自己居然能够完成它而感到惊讶，而且明白了从很久以前，当我在黄昏来临，仍卧在那个小小的悬崖上时，我就明白了我能行。

故事3：

1963年9月，我打开公寓的门，把行李搬进来，然后关上门。我已经迈出了第一步，这不是很难。在我的一生中，我不断记起那一刻，每次一步，就一步，我能行。

首先是找一间公寓，在我做到这一点之前，我没有希冀未来。然后开始着手布置两个房间，在这个完成之前，我没有希冀未来。今天，我搬了进来；我有了自己的小窝，而且这儿看起来还不错。我打开行李，打了几个电话，定了午饭，感觉就像在家一样。很好，这步已经完成了。

在随后的一年，我开始了新生活，办完了离婚事宜，学会了一些社交和情绪技能——这是一个单身中年男人所必需的（我在后来的五年中一直未婚），甚至还通过了厨师学位考试。更令我惊讶的是，我居然还发现了自己知道怎样达成一个遥远、艰巨的目标。

二、阅读原文并复述故事

我让学生快速阅读全文（2140字，5～6分钟），画出原文中的心理描写，尽可能多地用描写心理的词语复述故事，体会作者怎样从脆弱、怯懦、胆小走向勇敢和强大的。

心理词语：

犹豫不决　满头大汗　浑身发抖　怦怦跳动　阵阵晕眩　天旋地转　哭泣
呻吟　神情恍惚　害怕　疲劳　麻木　巨大的成就感和类似骄傲的感觉

三、合作探究，自主讨论学习

问题：我的心理摧毁体现在哪里？爸爸是我心理重建的引领者，爸爸是怎么做的？师生讨论互动并明确以下内容。

1. 妈妈的警告

我犹豫了。我渴望像他们一样勇敢和活跃，但是在过去的八年岁月中，我绝大部分时间都是一个病弱的孩子，并将妈妈的警告牢记在心——我不像其他孩子那样强壮，而且不能冒险。

思考："不像""不能"双重否定的含义。

从底部杂乱的岩石到顶部草皮的边缘，只有60英尺左右，但是对我来说，这是严禁和不可能的化身。

思考：对"严禁和不可能"怎样理解？

2. 同伴的嘲笑

"喂，等等我。"我哑着嗓子说。

"再见啦！看你就像滑稽画里的小人儿。"他们中的一个说道，其他的则哄堂大笑。

"但是我不能……我……"这句话刺激了他们，他们开始嘲笑我，发出嘘声，然后继续向上爬，这样他们就可以从崖顶绕道回家。在离开之前，他们向下盯着我看。

内德嘲笑说："你可以留下来，如果你想的话。"

"全看你自己了。"杰里看起来很担心，但最后还是和其他孩子一起走了。

思考：听到"哄堂大笑"、两个"嘲笑"后，我的心理怎样？

3. 自我的否定

不知何时，我回头向下看了一眼，然后吓坏了：悬崖底下的地面看起来非常遥远；只要滑一下，我就会掉下去，撞上崖壁，然后摔到岩石上，摔个粉碎。

我往下看，感到阵阵晕眩；一股无名的力量好像正在逼迫我掉下去。我紧贴在一块岩石上，感觉天旋地转。我想掉头回去，但知道我绝对回不去了。这太远，也太危险了；在悬崖的中途，我会逐渐感到虚弱、无力，然后松手，掉下去摔死。但是通向顶部的路看起来更糟——更高，更陡，更变化莫测，我肯定上不去。我听见有人在哭泣、呻吟；我想知道那是谁，最后才意识到那就是我。

思考：两个"看起来"有什么含义？"绝对"和"肯定"表明我的什么心理？"我就会摔个粉碎""我会摔死"是真实还是幻觉？

补充名言：想象中的恐怖远过于实际上的恐怖。

——莎士比亚《麦克白》

4. 心理重建

"看到了吗？"他大声问道。

我慢慢地挪动了一下。"看到了。"我回答。

"好的，现在转过身去，然后用左脚踩住那块石头。这就是你要做的。它就在你下面一点儿。你能做到。不要担心接下来的事情，也不要往下看，先走好第一步。相信我。"

这看起来我能做到。我往后移动了一下，用左脚小心翼翼地感觉着岩石，然后找到了。"很好。"爸爸喊道，"现在，往右边下面一点儿，那儿有另外一个落脚点，就几英寸远。移动你的右脚，慢慢地往下。这就是你要做的。只想着接下来的这步，不要想别的。"我照做了。"好了，现在松开左手，然后抓住后面的小树干，就在边上，看我手电照的地方，这就是你要做的。"再一次，我做到了。

突然，我向下迈出了最后一步，然后踩到了……

思考："好的""好了""很好"，挪动、"踩住"、移动、踩到，三处"这就是你要做的"，三个"就"，体现了爸爸怎样的智慧？迈出最后一步为什么是"突然"？

四、屏显解读心理描写及方法，布置心理描写练笔

1. 心理描写

在写作中，作者对人物在一定的环境中的心理状态、精神面貌和内心活动进行的描写，是作文中表现人物性格品质的一种方法。心理描写最常用的是描写人物的内心独白，写出人物的所思所想，让人物一无遮掩地吐露自己的心声，说出他的欢乐和悲伤、矛盾和愁郁、忧虑和希望，使读者穿透人物外表，看到人物的内心世界。

2. 心理描写的方法

行为表现、身体感觉、想象幻觉、对话语气、时间长短等。

3. 原文心理空白处练笔

仔细揣摩人物心理，在括号里填上合适的心理词语，再思考叹号和句号

的用意。

我（**绝望极了**）：时间过得真慢啊，我已经全身麻木了，我还能撑多久？我不知道。我还能回家吗？不知道，不知道，我不敢想，也不愿想。就让我这么趴着，一直趴着……

爸爸、杰里（**语气很焦急**）："莫顿！莫顿！"

我（**一阵惊喜**）：好像是杰里的声音？还有……爸爸？是爸爸！（继而怀疑）但是他能做什么？他是个粗壮的中年人，他爬不上来。即使他爬上来了，又能怎样？

爸爸（**安慰**）："哦，儿子，现在，下来。要吃晚饭了。"

我（**大哭**）："我不行！我会掉下去的！我会摔死的！"

爸爸（**坚定地说**）："你能爬上去，你就能下来，我会给你照亮。"

我（**怒吼**）："不，我不行！太远了，太困难了！我做不到！"

爸爸（**平静地说**）："听我说，儿子。不要想有多远，有多困难，你需要想的是迈一小步，这个你能做到。看着我手电光指的地方，看到那块石头没有？"

4. 读下边的诗句，写一次自己心理成长的经历，要求尽量多地用心理描写

走一步，再走一步，

溪流再走一步是江河，

江河再走一步是海洋。

走一步，再走一步，

天地就将不一样：

深秋走一步是寒冬，

寒冬再走一步就是春天。

挫折走一步或许还是失败，

失败再走一步可能就是成功。

咫尺天涯路，

第一步往往很难迈出。

于是就没了下一步，

于是就没了路……

路尽天绝处，

不妨尝试再走一步。

万水千山，

只源于最初的那一步。

第五讲　深挖文本，培养学生思辨思维

——解读《老王》

《老王》是一篇特别感人的文本。在那个荒唐的时代，尽管身份、物质相差悬殊，但善良的老王和杨绛一家都在彼此传达着善意和温情，传递着任何时代都必须充斥的帮助和爱心的正能量。正是因为人物地位悬殊、物质差距大，交往双方不可能对等；即便作为知识分子的杨绛一家已经有超于常人的善举，依然是"不安"，觉得是"拿钱去侮辱他"，觉得"愧怍"。文本无论从语言表述上还是从主题探究上无不闪现出思辨的光芒。

一、是"闲话"吗？

文章一开头简单明了：

我常坐老王的三轮。他蹬，我坐，一路上我们说着闲话。

接下来第2、3、4段就是说的"闲话"。老王生存之现状以作者杨绛的视角铺陈了下来，可谓"闲话"真不闲。

他靠着活命的只是一辆破旧的三轮车。这说明他生存难。

老王只有一只眼，另一只是"田螺眼"，瞎的。这说明他身体残。

老王正蹬着他那辆三轮进"破破落落""有几间塌败的小屋"的大院去。这说明他生活穷。

如果说这三段前半部分是描述性文字，那么最后一句就是陈述性或者议论性文字。

有个哥哥，死了，有两个侄儿，"没出息"，此外就没什么亲人。

他也许是从小营养不良而瞎了一眼，也许是得了恶病，反正同是不幸，而后者该是更深的不幸。

问起那里是不是他的家。他说，住那儿多年了。

没有维系情感的亲人，没有遮风挡雨的家，"得了恶病"真是更深的不幸。

老王是一个生活在社会最底层的普通劳动者。无论是在物质上、生理上，还是在精神上，老王都是一个彻底的"不幸者"。可这样的"不幸者"，在一个历史时间段里，与杨绛相识。他们的相识从一开始就是不平等的，"他蹬，我坐"，彼此之间的交流也只局限于"闲聊"。一个底层实实在在的以劳力为生计的卑微之人跃然纸上，杨绛及一家人对老王的同情也于叙述中展露无遗。

在平时教学中，我们总会根据一些特定文本抛出相悖的两极，让学生学会思辨式表达，比如"真实的谎言""美丽的错误"。

在教授《伟大的悲剧》这篇课文时，笔者也抓住"为什么是悲剧"，既是"悲剧"，又为何"伟大"进行描写。这就体现出事件本身的特点：阿蒙森队到达南极点比斯科特队晚了将近五个星期，归途中不幸遇难，够"悲剧"；但作者传达了"真正的英雄身上，永远闪烁着崇高的精神光芒"的用意。这就是文学动人之所在，它并不是以世俗的功利作为唯一的衡量标准。

二、该"愧怍"吗?

老王物质上艰苦，精神上凄苦。但老王是个善良的人。

"每天清晨，老王抱着冰上三楼，代我们放入冰箱。他送的冰比他前任送的大一倍，冰价相等。"

"文化大革命"期间，杨绛的丈夫钱先生"一条腿走不得路了"。老王送钱先生上医院，"坚决不肯拿钱"，他说："我送钱先生看病，不要钱。"

老王还在行将就木之际，拿着自己舍不得吃的鸡蛋和香油来送给杨绛。还说"我不吃""我不要钱"。

本真而质朴的天性使他对有知识的人总怀有一种别样的敬仰之情。这样的敬仰没有一丝的功利色彩，它全然发自内心深处。

杨绛同情老王际遇的"不幸"，也尽力在经济上帮助老王。在她看来，老王已经够可怜的了，自己无论如何也不能占老王的一丁点儿便宜。知识分子内心深处的那份"清高"，使她在对人和对事上都坚守着一种原则，那就是决不欠别人的情。在她的心目中，老王与"别人"是等同的。因此，她对老王的付出，总是物化为用金钱给予回报：老王给她家送冰，车费坚持不减；老王送钱先生去医院，她也"一定要给钱"；即使老王在生命行将结束时，给她送去鸡蛋和香油，她还是"拿钱去侮辱他"。

杨绛没有能领悟老王的心思。其实那个时候，她也无暇去领悟，因为那时杨绛看到的老王是"直僵僵地镶嵌在门框里""简直像棺材里倒出来的""僵尸""骷髅上绷着一层枯黄的干皮，打上一棍就会散成一堆白骨"。出于一种本能，她"害怕得糊涂了"，一心想到的只是赶紧打发老王走，而打发老王走的最好方式就是钱。我想，任何人对杨绛在这样一个特定时候的举止，都没有理由非议。事情的结果自然是老王无奈地接受了他最不愿意接受的"钱"。

杨绛毕竟是一个有着社会良知的高级知识分子，老王的死促使她"一再追忆"老王生前留下的"话"，"琢磨他是否知道"自己对他的"谢意"，可杨绛得到的是"心上不安"。这样的"不安"，不停地拷问着她的灵魂，使她顿然了悟：自己既往与老王之间的点点滴滴，是那样的不公平；自己对老王"钱"的回报与老王对自己"心"的付出相比较，是那样微不足道。这于她而言无疑是一种揪心的痛。虽然杨绛也有"不幸"，但相比于老王，杨绛一家又是"幸运者"。"几年过去了"之后，杨绛反思生活是一种精神的自省。知识分子精神的自省又何尝不是另外一种意义上的"幸运"呢？

退一步说，如果"幸运的"杨绛理解了"不幸的"老王，毫无功利的真心是"不要钱"就不给，那又会怎样呢？或者老李讲述的"老王身上缠了多少尺全新的白布"也无从来由吧。所以，你不要是真实的，我要给同样也是真挚的。这是超越阶层、超越现实的人性之美好。

作者写这篇文章的时候，已经度过了动乱年代，她在追忆动乱年代遇到的这些善良的人们时更容易忽略苦难，突出苦难年代里人性的光辉。所以，杨绛一家在与老王的交往中完成一种自我的成全和深刻的解剖。

孙文辉说：她的"愧怍"，是知识分子用人类眼光、人类情怀去舔舐我们曾经的创伤，去面对我们苦难后的岁月。这份"愧怍"，是一个无辜生命体对一切生命歉然状态的全力担荷，是作者自我灵魂的无情审视，更是替一个未曾充分反省、忏悔的时代树立的人类良知标杆。

我想，深度挖掘文本、培养学生语言表达和判断认知的思辨性，是一个语文教师的良知与追求。

第六讲　构建人物关系

——以《智取生辰纲》之杨志为例

陈忱评价：杨志一生淹蹇（艰难窘迫，坎坷不顺），押花石纲，偏他翻了船，收拾一担金银营干，被高俅批坏，无盘缠卖宝刀，遭牛二蛮夺，梁中书差押生辰纲，尽被劫去，可称梁山泊钝秀才（怀才不遇）！

一、杨志与林冲

（《水浒传》第十二回）话说林冲打一看时，只见那汉子头戴一顶范阳毡笠，上撒着一把红缨，穿一领白段子征衫，系一条纵线绦，下面青白间道行缠，抓着裤子口，獐皮袜，带毛牛膀靴，跨口腰刀，提条朴刀，生得七尺五六身材，面皮上老大一搭青记，腮边微露些少赤须，把毡笠子掀在脊梁上，坦开胸脯，带着抓角儿软头巾，挺手中朴刀，高声喝道："你那泼贼，将俺行李财帛那里去了？"林冲正没好气，那里答应，睁圆怪眼，倒竖虎须，挺着朴刀，抢将来斗那个大汉。

……

杨志叫道："洒家杀死这个泼皮，怎肯连累你们！泼皮既已死了，你们都来同洒家去官府里出首。"坊隅众人慌忙拢来，随同杨志，径投开封府出首。正值府尹坐衙。杨志拿着刀，和地方邻舍众人，都上厅来，一齐跪下，把刀放在面前。杨志告道："小人原是殿司制使，为因失陷花石纲，削去本身职役，无有盘缠，将这口刀在街货卖。不期被个泼皮破落户牛二，强夺小人的刀，又用拳打小人，因此一时性起，将那人杀死。众邻舍都是证见。"众人亦替杨志告说，分诉了一回。

◎ 原创题

（1）林冲所斗大汉为谁？为什么要"抢将来斗那个大汉"？请结合原著说明原因。

明确：林冲。林冲上梁山后被王伦排挤，不得不来搞投名状，遭遇杨志，两人打成平手。王伦针对林冲，林冲主动且热情邀请杨志上山，杨志拒绝，可也埋下了林冲火并王伦的导火索。杨志丢了生辰纲，却得林冲徒弟曹正帮忙，这才伙同鲁智深打下了二龙山。最终杨志提议让二龙山并入梁山。

（2）结合原著简要说说林冲买刀和杨志卖刀的原因、经过、结果。

明确：高太尉暗中命人将自己的宝刀卖与林冲，几日后让下人以看刀为名将林冲带入太尉府白虎堂。等林冲惊觉时已晚，高俅突然出现，指控林冲携刃私入白虎堂，欲行刺自己，林冲百口莫辩。高俅本想置其于死地，但在开封府尹的周旋下，林冲被判携刃私入白虎堂，刺配沧州。

杨志乃杨令公之孙，因丢了花石纲，想补殿帅职役，被高俅批倒赶了出来，盘缠用尽，便卖宝刀。遇到泼皮牛二无理取闹，杨志性起用刀杀了牛二，被监禁于死囚牢中。众人见他为东京街除了牛二这害，多方周济。杨志又被送去北京大名府留守司充军。留守梁中书见杨志大喜，想通过演武试艺，抬举杨志。

林冲和杨志二人都因宝刀而起，一买一卖，都夹裹着高俅。林冲买刀是中了高俅的诡计；杨志卖刀，是因为高俅拒绝他重返体制内。

二、杨志与索超

（《水浒传》第十三回）看看红日沉西，筵席已罢，众官皆欢。梁中书上了马，众官员都送归府。马头前摆着这两个新参的提辖，上下肩都骑着马，头上都带着花红，迎入东郭门来。两边街道扶老携幼，都看了欢喜。梁中书在马上问道："你那百姓欢喜为何，莫非哂笑下官？"众老人都跪下禀道："老汉等生在北京，长在大名府，不曾见今日这等两个好汉将军比试。今日教场中看了这般敌手，如何不欢喜！"梁中书在马上听了大喜。回到府中，众官各自散了。

（《水浒传》第六十五回）话说宋江军中，因这一场大雪，吴用定出这条计来，就下雪陷坑中捉了索超。其余军马，都逃回城中去了，报说索超被擒。梁中书听得这个消息，不由他不慌，传令教众将只是坚守，不许相战。

且说宋江到寨，中军帐上坐下，早有伏兵解索超到麾下。宋江见了大喜，喝退军健，亲解其缚，请入帐中置酒相待，用好言抚慰道："你看我众兄弟们，一大半都是朝廷军官。盖为朝廷不明，纵容滥官当道，污吏专权，酷害良民，都情愿协助宋江，替天行道。若是将军不弃，同以忠义为主。"杨志向前另自叙礼，诉说别后相念，两人执手洒泪。索超本是天罡星之数，自然凑合，降了宋江。当夜帐中置酒作贺。

◎ 原创题

（1）"这两个新参的提辖"分别是哪两个人？

明确：青面兽杨志和急先锋索超。

（2）结合原著，简要说说索超是怎么上梁山的。

明确：索超曾在阵前怒骂归顺梁山的朝廷旧将"霹雳火"秦明，但因不擅于躲闪暗器，被"百胜将"韩滔射伤左臂。伤愈后索超急于报仇，率领孤军深入敌阵，却中计落入陷坑而被活捉。宋江"亲解其缚，请入帐中，置酒相待"，好友杨志劝服索超归顺了梁山。

三、杨志与生辰纲（上）

（《水浒传》第十六回）只见那七个贩枣子的客人，立在松树旁边，指着这一十五人说道："倒也，倒也！"只见这十五个人，头重脚轻，一个个面面厮觑，都软倒了。那七个客人从松树林里推出这七辆江州车儿，把车子上枣子都丢在地上，将这十一担金珠宝贝，却装在车子内，叫声："聒噪！"一直望黄泥冈下推了去。杨志口里只是叫苦，软了身体，扎挣不起。十五人眼睁睁地看着那七个人都把这金宝装了去，只是起不来，挣不动，说不得。

……

原来杨志吃的酒少，便醒得快，爬将起来，兀自捉脚不住。看那十四个人时，口角流涎，都动不得。正应俗语道："饶你奸似鬼，吃了洗脚水。"杨志愤闷道："不争你把了生辰纲去，教俺如何回去见得梁中书！这纸领状须缴不得！"就扯破了。"如今闪得俺有家难奔，有国难投，待走那里去？不如就这冈子上寻个死处！"撩衣破步，望黄泥冈下便跳。

◎ 原创题

（1）"七个贩枣子的客人"是哪七人？请写出来。

明确：晁盖、吴用、公孙胜、刘唐、阮小二、阮小五、阮小七。

（2）杨志其实也是精明能干的，他一路智变行踪，智变行辰，处处小心，时时留意，但为什么还是失败了？请结合原著分析原因。

明确：性格导致。杨志急功近利，粗暴蛮横，无法获得众人的理解和支持。

吴用技高一筹。首先，吴用一行人扮成贩枣客商，智藏身份，有欺骗性；其次，吴用一行人在众目睽睽下买走一桶酒喝，第二桶也喝了一瓢，打消了杨志等人的疑虑。

杨志的性格缺陷、吴用计谋之高是杨志押送生辰纲失败的表面原因。北宋朝廷的官员腐朽无能、政治黑暗、人民反抗是杨志押送生辰纲失败的根本原因。

四、杨志与鲁达

（《水浒传》第十七回）当时杨志和那僧人斗到四五十合，不分胜败。那和尚卖个破绽，托地跳出圈子外来，喝一声："且歇！"两个都住了手。杨志暗暗地喝彩道："那里来的这个和尚，真个好本事，手段高，俺却刚刚地只敌的他住。"那僧人叫道："兀那青面汉子，你是甚么人？"杨志道："洒家是东京制使杨志的便是。"那和尚道："你不是在东京卖刀杀了破落户牛二的？"杨志道："你不见俺脸上金印？"那和尚笑道："却原来在这里相见。"

……

不说鲁智深、杨志自在二龙山落草，却说那押生辰纲老都管，并这几个厢禁军，晓行夜住，赶回北京。到的梁中书府，直至厅前，齐齐都拜翻在地下告罪。梁中书道："你们路上辛苦，多亏了你众人。"又问："杨提辖何在？"众人告道："不可说！这人是个大胆忘恩的贼。自离了此间，五七日后，行得到黄泥冈，天气大热，都在林子里歇凉。不想杨志和七个贼人通同，假装做贩枣子客商。杨志约会与他做一路，先推七辆江州车儿在这黄泥冈上松林里等候，却叫一个汉子挑一担酒来冈子上歇下。小的众人不合买他酒吃，被那厮把蒙汗药都麻翻了，又将索子捆缚众人。杨志和那七个贼人，却把生辰纲财宝并行李尽装载车上将了去。见今去本管济州府陈告了，留两个虞候在那里随衙听候，捉拿贼人。小人等众人，星夜赶回来，告知恩相。"梁中书听了大惊，骂道："这贼配军！你是犯罪的囚徒，我一力抬举你成人，怎敢做这等不仁忘恩的事！我若拿住他时，碎尸万段！"随即便唤书史写了文书，当时差人星夜来济州投下。又写一封家书，着人也连夜上东京报与太师知道。

◎ 原创题

（1）"那僧人"是谁？结合原著说说杨志落草二龙山的过程。

明确：花和尚鲁智深。

杨志丢失了生辰纲没法回去复命，途中遇到了林冲的徒弟"操刀鬼"曹正在二龙山下开店，本想投奔梁山，曹正建议说不如投奔二龙山。但杨志去了被赶下山来，一个人又难敌众伙。正好遇到树林里的鲁智深，二人不打不相识，原来鲁智深也被拒绝上山入伙。二人一起联合曹正夫妇装作被擒，来到二龙山巢穴宝珠寺见匪首邓龙，于是一起杀掉邓龙占了二龙山。后来又叫孙二娘夫妻以及武松一同聚义二龙山。

（2）梁中书骂杨志"贼配军"，请结合原著说说原因。

明确：在东京时，杨志因卖刀与泼皮牛二发生争吵，不得已杀了牛二。到官府出首，断了二十脊杖，刺了两行金印，跌配北京大名府留守充军。

（3）节选中，众人所说"杨志约会江州车儿劫走生辰纲"，请结合原著简要说说事实真相。

明确：趁杨志等人休息的时候扮作商人的晁盖等人出现；随后，白胜也挑着酒上了山冈；晁盖等人过来先吃掉一桶，让杨志放松警惕并借舀酒作掩护，向酒里下药；杨志等人放松了警惕，全被蒙汗药麻倒，生辰纲被劫走。

五、杨志与生辰纲（下）

（《水浒传》第十八回）宋江听罢，吃了一惊，肚里寻思道："晁盖是我心腹弟兄。他如今犯了弥天之罪，我不救他时，捕获将去，性命便休了。"心内自慌。宋江且答应道："晁盖这厮奸顽役户，本县内上下人没一个不怪他。今番做出来了，好教他受！"何涛道："相烦押司便行此事。"宋江道："不妨，这事容易。瓮中捉鳖，手到拿来。只是一件：这实封公文须是观察自己当厅投下，本官看了，便好施行发落，差人去捉。小吏如何敢私下擅开。这件公事非是小可，勿当轻泄于人。"何涛道："押司高见极明，相烦引进。"宋江道："本官发放一早晨事务，倦怠了少歇。观察略待一时，少刻坐厅时，小吏来请。"何涛道："望押司千万作成。"宋江道："理之当然，休这等说话。小吏略到寒舍分拨了些家务便到，观察少坐一坐。"何涛道："押司尊便，请治事。小弟只在此专等。"

宋江起身，出得阁儿，分付茶博士道："那官人要再用茶，一发我还茶钱。"离了茶坊，飞也似跑到下处，先分付伴当去叫直司在茶坊门前伺候："若知县丛衙时，便可去茶坊里安抚那公人道：'押司便来。'叫他略待一待"。却自槽上鞁了马，牵出后门外去。宋江拿了鞭子，跳上马，慢慢地离了县治。出得东门，打上两鞭，那马不剌剌的望东溪村撺将去，没半个时辰，早到晁盖庄上。

◎ **2018年广东中考**

（1）结合原著，选文中晁盖所犯的"弥天之罪"是指＿＿＿＿＿＿。

明确：在黄泥冈劫走梁中书送给蔡京的生辰纲。

（2）宋江为救晁盖，具体是怎样做的？请结合选文加以分析。

明确：宋江用谎言骗取何涛的信任，表明协力办差的决心；以知县未"坐厅"为由，拖延何涛与知县相见；以分拨家务为由，脱身去给晁盖报信；安排直司见机行事稳住何涛，拖延时间。

（3）《水浒传》108位好汉聚义梁山的原因有多种，请结合原著，写出其中的四种以及对应的一个人物。

明确：第一种，因吃了官司或逃避官司而被逼上梁山的，如林冲、宋江、武松、晁盖、鲁智深、杨志、柴进、雷横、石秀等。

第二种，原来就分散在各山头做寨主强人，自愿加入的，如王矮虎等。

第三种，本就在江湖上做偷盗打劫勾当，主动投奔的，如时迁、孙二娘等。

第四种，因与梁山泊或其他山头好汉结交而随之上山的，如李逵等。

第五种，被梁山用计赚来的或硬拉上山的，如卢俊义、秦明等。

第六种，被梁山打败后拉去入伙的，如扈三娘等。

第七讲　痛哭和至疯

——从周进和范进看吴敬梓笔下的科举本质

一、周进进学

　　（《儒林外史》第三回）话说周进在省城要看贡院，金有余见他真切，只得用几个小钱同他去看。不想才到天字号，就撞死在地下。众人多慌了，只道一时中了恶。行主人道："想是这贡院里久没有人到，阴气重了，故此（　　）中了恶。"金有余道："贤东，我扶着他，你且去到做工的那里借口开水来灌他一灌。"行主人应诺，取了水来，三四个客人一齐扶着，灌了下去，喉咙里咯咯的响了一声，吐出一口稠涎来。众人道："好了。"扶着立了起来。周进看着号板，又是一头撞将去。这回不死了，放声大哭起来。众人劝着不住。金有余道："你看，这不是疯了么？好好到贡院来耍，你家又不死了人，为甚么这样号啕痛哭是的？"（　　）也不听见，只管伏着号板哭个不住；一号哭过，又哭到二号、三号；满地打滚，哭了又哭，哭的众人心里都凄惨起来。金有余见不是事，同行主人一左一右架着他的膀子。他那里肯起来，哭了一阵，又是一阵，直哭到口里吐出鲜血来。

　　众人七手八脚将他扛抬了出来，在贡院前一个茶棚子里坐下，劝他吃了一碗茶，犹自索鼻涕，弹眼泪，伤心不止。内中一个客人道："周客人有甚心事？为甚到了这里，这等大哭起来？却是哭得利害。"

　　……

此时（　　）哭的住了。那客人道："这也不难。现放着我这几个兄弟在此，每人拿出几十两银子借与周相公纳监进场。若中了做官，那在我们这几两银子。就是周相公不还，我们走江湖的人，那里不破掉了几两银子！何况这是好事。你众位意下如何？"众人一齐道："'君子成人之美。'又道：'见义不为，是为无勇。'俺们有甚么不肯？只不知周相公可肯俯就？"周进道："若得如此，便是重生父母，我周进变驴变马，也要报效！"爬到地下就磕了几个头。

……

（《儒林外史》第七回）一直来到京师，周学道已升做国子监司业了。大着胆，竟写一个"眷姻晚生"的帖，门上去投。长班传进帖，周司业心里疑惑，并没有这个亲戚。正在沉吟，长班又送进一个手本，光头名字，没有称呼，上面写着"范进"。周司业知道是广东拔取的，如今中了，来京会试，便叫快请进来。范进进来，口称恩师，叩谢不已。

◎ 原创题

请在括号里补充人名，并结合原著简要说说，其人为什么一到贡院天字号"就撞死在地下"，继而大哭？后来命运又怎样？

明确： 周进已经六十多岁，却依然还是个童生。他在观音庵私塾中坐馆糊口，饱受秀才梅玖和举人王惠的冷嘲热讽，后来夏总甲也嫌他呆头呆脑，把他辞了。周进在家日食艰难，在姊丈金有余的劝说下应允一起做生意，做个记账的。当进省城路过贡院时，他多年的心结被触动了。但他是童生，是不能进入贡院的，看门人用鞭子将他打了出来。当他恳求别人带他参观贡院时，大半生追求功名富贵却求之不得的辛酸悲苦，以及所忍受的侮辱欺凌一下子倾泻出来，因此他大哭特哭，"直哭到口里吐出鲜血来"。

几个商人得知原委，答应每人拿出几十两银子，帮助周进捐了个监生。不久，周进凭着监生的资格考中了举人。到京会试，他又中了进士，殿在三甲，被授了部属。苒苒三年，周进升了御史，钦点广东学道，后来升任国子监司业。在广州，周进发现了范进。为了照顾这个五十四岁的老童生，他把范进的卷子反复看了三遍，才发现那是字字珠玑的好文章，于是将范进取为秀才。

二、范进中举

（《儒林外史》第三回）先考了两场生员。第三场是南海、番禺两县童生。周学道坐在堂上，见那些童生纷纷进来；也有小的，也有老的，仪表端正的，獐头鼠目的，衣冠齐楚的，蓝缕破烂的。落后点进一个童生来，面黄肌瘦，花白胡须，头上戴一顶破毡帽。广东虽是地气温暖，这时已是十二月上旬，那童生还穿着麻布直裰，冻得乞乞缩缩，接了卷子，下去归号。周学道看在心里，封门进去。出来放头牌的时节，坐在上面，只见那穿麻布的童生上来交卷，那衣服因是朽烂了，在号里又扯破了几块。周学道看看自己身上，绯袍金带，何等辉煌。因翻一翻点名册，问那童生道："你就是范进？"范进跪下道："童生就是。"学道道："你今年多少年纪了？"范进道："童生册上写的是三十岁，童生实年五十四岁。"学道道："你考过多少回数了？"范进道："童生二十岁应考，到今考过二十余次。"学道道："如何总不进学？"范进道："总因童生文字荒谬，所以各位大老爷不曾赏取。"周学道道："这也未必尽然。你且出去，卷子待本道细细看。"范进磕头下去了。

那时天色尚早，并无童生交卷。周学道将范进卷子用心用意看了一遍，心里不喜道："这样的文字，都说的是些甚么话！怪不得不进学！"丢过一边不看了。又坐了一会，还不见一个人来交卷，心里又想道："何不把范进的卷子再看一遍？倘有一线之明，也可怜他苦志。"从头至尾，又看了一遍，觉得有些意思。

……

又取过范进卷子来看。看罢，不觉叹息道："这样文字，连我看一两遍也不能解，直到三遍之后，才晓得是天地间之至文！真乃一字一珠！可见世上胡涂试官，不知屈煞了多少英才！"忙取笔细细圈点，卷面上加了三圈，即填了第一名。

……

范进三两步走进屋里来，见中间报帖已经升挂起来，上写道："捷报贵府老爷范讳进高中广东乡试第七名亚元。京报连登黄甲。"

范进不看便罢，看了一遍，又念一遍，自己把两手拍了一下，笑了一声道："噫！好了！我中了！"说着，往后一交跌倒，牙关咬紧，不省人事。老太太慌了，慌将几口开水灌了过来。他爬将起来，又拍着手大笑道："噫！好！我中了！"笑着，不由分说，就往门外飞跑，把报录人和邻居都吓了一跳。走出大门不多路，一脚踹在塘里，挣起来，头发都跌散了，两手黄泥，淋淋漓漓一身的水，众人拉他不住，拍着笑着，一直走到集上去了。

……

来到集上，见范进正在一个庙门口站着，散着头发，满脸污泥，鞋都跑掉了一只，兀自拍着掌，口里叫道："中了！中了！"

◎ **原创题**

范进并无真才实学，作为主考官的周进为什么把他录取为第一名？范进中举，喜极而泣，是喜剧还是悲剧？结合原著谈谈你的看法。

明确： 身为主考官的周学道，看着穿得破破烂烂、已经五十四岁高龄还在备战科举的范进，想到自己已经是一身绯袍锦带，威风无比。他在范进身上看到自己曾经的影子。

曾经的周进，六十多岁还是个童生，穿的也是破破烂烂，在薛家集上以教书为生，生活不仅艰难困苦，还要遭受来自各色人等的嘲笑、轻蔑和歧视。镇上的新进秀才梅玖在众目睽睽之下，三次嘲笑和奚落周进，新中的举人王惠更是千方百计地轻蔑歧视周进，就连势利的薛家集百姓也都瞧不起周进。曾经的周进与此时考场之下的范进是何其相似。

范进依然和曾经的周进一样，对科举忠贞不渝，将自己的全部生命都投入其中。同是天涯沦落人，对于曾经经历了这一切的主考官周进来说，对范进的同情之心必然会油然而生，自然会对范进另眼相看。

范进中举后变成了疯子、傻子，中举表面看来是喜剧，本质看来是悲剧。从个人来看，把一生浪费在科举考场中，这是范进的人生悲剧；把知识分子束缚在科举制度的框架内，扼杀他们独立的人格和自由的灵魂，这是人类的悲剧。在笑的背后隐含着作者对科举制度深恶痛绝的态度，作者痛感科举制度已把读书人腐蚀到了不可救药的地步。作者批判的锋芒不仅对着科举制度，而且直指向整个封建社会。

三、中举后人物众生相

（《儒林外史》第三回）胡屠户道："我那里还杀猪，有我这贤婿，还怕后半世靠不着他怎的？我每常说，我的这个贤婿，才学又高，品貌又好，就是城里头那张府、周府这些老爷，也没有我女婿这样一个体面的相貌！你们不知道，得罪你们说，我小老这一双眼睛，却是认得人的！想着先年，我小女在家里长到三十多岁，多少有钱的富户要和我结亲，我自己觉得女儿像有些福气的，毕竟要嫁与个老爷，今日果然不错！"说罢，哈哈大笑。众人都笑起来。看着范进洗了脸。郎中又拿茶来吃了，一同回家。范举人先走，屠户和邻居跟在后面。屠户见女婿衣裳后襟滚皱了许多，一路低着头替他扯了几十回。

……

张乡绅先攀谈道："世先生同在桑梓，一向有失亲近。"范进道："晚生久仰老先生，只是无缘，不曾拜会。"张乡绅道："适才看见题名录，贵房师高要县汤公，就是先祖的门生。我和你是亲切的世弟兄。"范进道："晚生侥幸，实是有愧。却幸得出老先生门下，可为欣喜。"张乡绅四面将眼睛望了一望，说道："世先生果是清贫。"随在跟的家人手里拿过一封银子来，说道："弟却也无以为敬，谨具贺仪五十两，世先生权且收着。这华居，其实住不得，将来当事拜往，俱不甚便。弟有空房一所，就在东门大街上，三进三间，虽不轩敞，也还干净，就送与世先生；搬到那里去住，早晚也好请教些。"范进再三推辞。张乡绅急了，道："你我年谊世好，就如至亲骨肉一般；若要如此，就是见外了。"范进方才把银子收下，作揖谢了。又说了一会，打躬作别。胡屠户直等他上了轿，才敢走出堂屋来。

范进即将这银子交与浑家打开看，一封一封雪白的细丝锭子，即便包了两锭，叫胡屠户进来，递与他道："方才费老爹的心，拿了五千钱来。这六两多银子，老爹拿了去。"屠户把银子攥在手里紧紧的，把拳头舒过来，道："这个，你且收着。我原是贺你的，怎好又拿了回去？"范进道："眼见得我这里还有这几两银子；若用完了，再来问老爹讨来用。"屠户连忙把拳头缩了回去，往腰里揣。

……

自此以后，果然有许多人来奉承他：有送田产的；有人送店房的；还有那些破落户，两口子来投身为仆，图荫庇的。到两三个月，范进家奴仆、丫鬟都有了，钱、米是不消说了。张乡绅家又来催着搬家。搬到新房子里，唱戏、摆酒、请客，一连三日。到第四日上，老太太起来吃过点心，走到第三进房子内，见范进的娘子胡氏，家常戴着银丝鬏髻；此时是十月中旬，天气尚暖，穿着天青缎套，官绿的缎裙；督率着家人、媳妇、丫鬟，洗碗盏杯箸。老太太看了，说道："你们嫂嫂、姑娘们要仔细些，这都是别人家的东西，不要弄坏了。"家人媳妇道："老太太，那里是别人的，都是你老人家的！"老太太笑道："我家怎的有这些东西？"丫鬟和媳妇一齐都说道："怎么不是？岂但这些东西是，连我们这些人和这房子都是你老太太家的！"老太太听了，把细瓷碗盏和银镶的杯盘逐件看了一遍，哈哈大笑道："这都是我的了！"大笑一声，往后便跌倒。忽然痰涌上来，不省人事。

（《儒林外史》第四回）胡屠户道："可不是么？自从亲家母不幸去世，合城乡绅，那一个不到他家来？就是我主顾张老爷、周老爷，在那里司宾，大长日子，坐着无聊，只拉着我说闲话，陪着吃酒吃饭；见了客来，又要打躬作揖，累个不了。我是个闲散惯了的人，不耐烦做这些事！欲待躲着些——难道是怕小婿怪！惹绅衿老爷们看乔了，说道：'要至亲做甚么呢？'"说罢，又如此这般把请僧人做斋的话说了。

◎ 原创题

范进中举后，各方人物如岳父胡屠户、张静斋等对其态度发生了怎样的变化？请结合选文人物动作、语言描写作分析。

明确：①生活贫富变化

范进热衷于功名利禄，希望能够跻身统治阶级行列。中举前他住的是"茅草棚"，吃的是"每日小菜饭"，"这十几年，不知猪油可曾吃过两三回"，穿的是破烂不堪的麻布衣服，靠着胡屠户的救济才能生活。虽然家中断粮，他仍要去参加乡试，置老母和妻子挨饿于不顾，可见他艳羡功名富贵的急切心情。那么，"中举"意味着什么呢？在中国封建社会里，"中举"就意味着自己再也不会在亲戚朋友和邻居面前抬不起头来；"中举"就意味着到了自己扬眉吐气的时候了：中举就意味着做官，做官就有权，有权就可以发财，房子、田产、金钱、奴仆就会不招自来。中举后，范进还是范进，可是中举给他带来了整个身份、地位的变化，像有神附身一样，他的生活发生了焕然一新的变化，真实地再现了"贵为乡人畏，贱受乡人怜"的社会现象。

②地位高低变化

范进中举前见到平民百姓时，还和他们拱手作揖，和他们平起平坐，因为他本身就是个平民百姓。他称胡屠户为"岳丈"，"岳丈"是尊称；可他中举后，就称他的岳父为"老爹"了。胡屠户虽是长辈，但范进的地位已高于他，他对范进也就改了称呼。张乡绅还和范进称兄道弟，以此来巩固和扩大自己的权势，好为自己将来仕途的发展做铺垫。这也反映了当时官场结党营私、官官勾结、相互舞弊的事实。正所谓"穷居闹市无人问，富在深山有远亲"，这些正是典型的封建社会世态人情的写照。

③个人荣辱变化

范进的荣辱变化就如同"鲤鱼跃龙门"一般。科举考试就像龙门一样，跃过了它，就会荣华富贵一生；跃不过它，就会穷困潦倒一生。正是在这种巨大力量的引诱和挤压下，范进才那样舍身忘命、不顾一切地去追求举业的成功，穷尽几十年的精力，直到须发斑白也不肯罢手。从某种意义上来说，范进热衷于追求功名富贵的心理和行动都是不由自主的，是受恶浊的社会环境和社会风习所支配的。由科举考试所造成的"功名富贵热"，就像病毒一样在整个社会中传布扩散，毒化人们的灵魂。不仅出入科场的士子，而且就连操刀宰猪的屠户，都中毒很深。

在范进中举前后，胡屠户对他的态度有了一个喜和怒、冷和热的根本变化。范进中了秀才时，胡屠户一边来祝贺，一边又挖苦、讽刺、责骂，肆意侮辱范进。胡屠户先"一口啐在脸上"，接着骂了个"狗血喷头"，什么"不要失了你的时了"，什么"尖嘴猴腮"，什么"不三不四""癞虾蟆""想天鹅屁吃"，什么借给盘缠是把银子"丢在水里"，连范进的娘也成了"老不死的"，"一顿夹七夹八，骂的范进摸门不着"。此时的胡屠户认定范进不会中举，成不了"文曲星"。胡屠户的一顿好骂，几乎把能找到的所有恶毒的词语都用上了，充分地表现了他那种尖酸刻薄的市侩本性和乡井流氓的无赖品行。范进依然是屁也不敢放一个，显现了他人穷志短、屈辱懦弱的性格。然而当范进真的中了举人时，在胡屠户眼里，范进马上就变成了天上下凡的"文曲星"，对范进的称呼也立即从"现世宝""穷鬼"改成了"贤婿老爷"，连说范进的相貌也由从前的"尖嘴猴腮"变得品貌非凡了。胡屠户这一百八十度大转弯的全部秘密就在于他说的一句话，"姑老爷今非昔比"了！这"今非昔比"四个字，写出了功名富贵在胡屠户心中的分量，一下子就挖掘到了人们的灵魂深处，这就是中国封建社会的世态人情。

④ 人情冷暖变化

众邻里在这段故事中是一些连姓名也没有的人物。在范进中举以前，一家人穷得快要饿死时，没有一个人来关心帮助；而范进中举的消息一传开，他们竟争先蜂拥而入，贺喜、帮忙、送钱、送米，献尽了殷勤。通过这些人物前后态度的变化，作者写尽了科举考试制度下的人情冷暖、世态炎凉。此外还写到了有钱有势的乡绅张静斋，也主动来登门"攀谈"，并送来银子和房子。作者就是通过范进周围的人物在他中举前后态度的变化，十分真实地表现了整个社会艳羡、追求功名富贵的普遍倾向。文中人物在"范进中举前"和"范进中举后"的态度变化简直可以和《变色龙》中善变的警官奥楚蔑洛夫相媲美，真是人情冷暖逐高低啊！整个社会的病态心理和病态表现，归根到底是由当时的科举考试制度造成的。

⑤ 人物哀乐变化

在亲戚和邻居长期的冷嘲热讽之下，范进已经没有了自信。当经过几番考试都没有达成自己的愿望时，范进早已被亲戚与邻居长期的冷嘲热讽和自己的自卑与自贱打倒了，从而处于一种极度的自卑当中。那么，这时的范进，作为一个曾经对功名热衷、对自己的前途充满信心和抱负的读书人，早已死了。活着的是一个没有信心、极度自卑的范进，一个大家心目中那样的范进。因而，当邻居告诉他"中举"时，他认为邻居"是哄他，只装不听见，低着头，往前走"。因为他早已没有信心，根本不认为自己会中举。他之所以去参加乡试，主要是不"甘心"罢了。从中可以看出，正是因为他经常遭到邻居们的奚落和嘲讽，所以他不再相信邻居们所说的话了，只认为这又是邻居们在戏耍和捉弄他。同时也可以看出，范进早已习惯了邻居们对他的冷嘲热讽。以科举成败论英雄，这就是中国封建社会的人情世故和社会悲哀。

四、科举本质

（《儒林外史》第三回）（周学道）正要再看看，却有一个童生来交卷。那童生跪下道："求大老爷面试。"学道和颜道："你的文字已在这里了，又面试些甚么？"那童生道："童生诗词歌赋都会，求大老爷出题面试。"学道变了脸道："当今天子重文章，足下何须讲汉唐！像你做童生的人，只该用心做文章，那些杂览，学他做甚么！况且本道奉旨到此衡文，难道是来此同你谈杂学的么？看你这样务名而不务实，那正务自然荒废，都是些粗心浮气的说话，看不得了。左右的！赶了出去！"

（《儒林外史》第四回）范进方才说道："先母见背，遵制丁忧。"汤知县大惊，忙叫换去了吉服；拱进后堂，摆上酒来。席上燕窝、鸡、鸭，此外就是广东出的柔鱼、苦瓜，也做两碗。

知县安了席坐下，用的都是银镶杯箸。范进退前缩后的不举杯箸，知县不解其故。静斋笑说："世先生因尊制，想是不用这个杯箸。"知县忙叫换去，换了一个瓷杯，一双象牙箸来。范进又不肯举。静斋道："这个箸也不用。"随即换了一双白颜色竹子的来，方才罢了。知县疑惑他居丧如此尽礼，倘或不用荤酒，却是不曾备办。落后，看见他在燕窝碗里拣了一个大虾元子送在嘴里，方才放心。

……

张静斋道："老世叔，这话断断使不得的了。你我做官的人，只知有皇上，那知有教亲？想起洪武年间，刘老先生……"汤知县道："那个刘老先生？"静斋道："讳基的了。他是洪武三年开科的进士，'天下有道'三句中的第五名。"范进插口道："想是第三名？"静斋道："是第五名。那墨卷是弟读过的。后来入了翰林。"

（《儒林外史》第七回）会试已毕，范进果然中了进士。授职部属，考选御史。数年之后，钦点山东学道，命下之日，范学道即来叩见周司业。周司业道："山东虽是我故乡，我却也没有甚事相烦；只心里记得训蒙的时候，乡下有个学生，叫作荀玫，那时才得七岁，这又过了十多年，想也长成人了。他是个务农的人家，不知可读得成书，若是还在应考，贤契留意看看。果有一线之明，推情拔了他，也了我一番心愿。"范进听了，专记在心，去往山东到任。

……

内中一个少年幕客蘧景玉说道："老先生，这件事倒合了一件故事。数年前，有一位老先生点了四川学差，在何景明先生寓处吃酒。景明先生醉后大声道：'四川如苏轼的文章，是该考六等的了。'这位老先生记在心里，到后典了三年学差回来，再会见何老先生，说：'学生在四川三年，到处细查，并不见苏轼来考。想是临场规避了。'"说罢，将袖子掩了口笑；又道："不知这荀玫是贵老师怎么样向老先生说的？"范学道是个老实人，也不晓得他说的是笑话，只愁着眉道："苏轼既文章不好，查不着也罢了，这荀玫是老师要提拔的人，查不着，不好意思的。"一个年老的幕客牛布衣道："是汶上县？何不在已取中入学的十几卷内查一查？或者文字好，前日已取了，也不可知。"学道道："有理，有理。"忙把已取的十几卷取来对一对号簿，头一卷就是荀玫。学道看罢，不觉喜逐颜开，一天愁都没有了。

链接：

刘基是元顺帝元统元年（1333年）考取的进士。等到洪武三年（1370年）的时候，刘基已经被朱元璋封为诚意伯，位列伯爵，食禄二百四十石，在明初文坛上更是赫赫有名，被誉为"明初诗文三大家"之一。

苏东坡作为唐宋八大家之一，才高八斗，学富五车，诗文书画样样精通，堪称中国历史上罕见的全才。

◎ **原创题**

周进言"足下何须讲汉唐"，批评魏好古"务名而不务实"，范进云"苏轼既文章不好，查不着也罢了"，张静斋胡诌刘基是"洪武三年开科的进士"，范进在为母丁忧期间，"拣了一个大虾元子送在嘴里"，折射出怎样的社会现实？结合原著分析作者用意。

明确：吴敬梓写范进不知苏轼、张静斋不知刘基，是借此表现八股取士对读书人学识、眼界、思想的禁锢——为了应考，他们眼里只有"四书五经"的内容，只读考试用书，只做八股文章，对包括苏轼、李清照的诗词文章在内的所谓杂学毫无接触。范进和张静斋不知道大名鼎鼎的苏轼和刘基，并不是小说作者的夸张，因为科举考试不考这些，这就是科举制给人带来的伤害。作者吴敬梓讽刺了像范进这样的一大批只知死读书的文人，而造成这些人物悲剧的根源正是荒唐的明朝八股取士制度。

范进母亲去世后，本该"丁忧"的范进，被张乡绅拉到汤知县处"打秋风"。嘴里说要"丁忧""吃素"的范进，谱摆得十足，连用什么筷子都要计较。开吃后身体却诚实，"在燕窝碗里拣了一个大虾元子送在嘴里"。居丧尽礼，竟然只是表面文章，如此"孝顺"，实在虚伪。真是"无一贬词，而情伪毕露"，作者对科举的弊端、礼教的虚伪等进行了深刻的批判和嘲讽。

第八讲　夺弟家产记

——解读严贡生和严监生看亲情沦丧

选文一：

（《儒林外史》第五回）"严乡绅执意不肯，把小的驴和米同稍袋都叫人短了家去，还不发出纸来。这样含冤负屈的事，求太老爷做主！"知县听了，说道："一个做贡生的人，忝列衣冠，不在乡里间做些好事，只管如此骗人，其实可恶！"便将两张状子都批准，原告在外伺候。早有人把这话报知严贡生，严贡生慌了，自心里想："这两件事都是实的，倘若审断起来，体面上须不好看。'三十六计，走为上计'！"卷卷行李，一溜烟急走到省城去了。

选文二：

（《儒林外史》第六回）又过了三四日，严大老官也从省里科举了回来。几个儿子都在这边丧堂里。

大老爹卸了行李，正和浑家坐着，打点拿水来洗脸，早见二房里一个奶妈，领着一个小厮，手里捧着端盒和一个毡包，走进来道："二奶奶拜上大老爹，知道大老爹来家了，热孝在身，不好过来拜见。这两套衣服和这银子，是二爷临终时说下的，送与大老爹做个遗念。就请大老爹过去。"

严贡生打开看了，簇新的两套缎子衣服，齐臻臻的二百两银子，满心欢喜，随向浑家封了八分银子赏封，递与奶妈，说道："上复二奶奶，多谢，我即刻就过来。"

……

酒席将阑，又谈到前日这一场官事："汤父母着实动怒，多亏令弟看的破，息下来了。"严贡生道："这是亡弟不济。若是我在家，和汤父母说了，把王小二、黄梦统这两个奴才，腿也砍折了！一个乡绅人家，由得百姓如此放肆！"王仁道："凡事还是厚道些好。"严贡生把脸红了一阵，又彼此劝了几杯酒。奶妈抱着哥子出来道："奶奶叫问大老爹，二爷几时开丧？又不知今年山向可利，祖茔里可以葬得，还是要寻地？费大老爹的心，同二位舅爷商议。"严贡生道："你向奶奶说，我在家不多时耽搁，就要同二相公到省里去周府招亲。你爷的事，托在二位舅爷就是。祖茔葬不得，要另寻地，等我回来斟酌。"说罢，叫了扰，起身过去。二位也散了。

……

这些家人、媳妇，领了大老爹的言语，来催赵氏搬房；被赵氏一顿臭骂，又不敢就搬。平日嫌赵氏装尊作威作福，这时偏要领了一班人来房里说："大老爹吩咐的话，我们怎敢违拗？他到底是个正经主子。他若认真动了气，我们怎样了得？"赵氏号天大哭，哭了又骂，骂了又哭，足足闹了一夜。

◎ **原创题**

（1）结合原文，说说"这两件事"是什么。严贡生还做了哪些坏事，是个怎样的人物形象？

明确： 严贡生强扣王小二的猪，讹诈黄梦统利钱，还有发病闹渔家、夺弟财产等。他诡计多端、阴险狡诈、恃强凌弱，是个恶贯满盈的劣乡绅形象。

（2）"卷卷行李，一溜烟走急到省城去了""祖茔葬不得，要另寻地""簇新的两套缎子衣服，齐臻臻的二百两银子，满心欢喜""赵氏号天大哭，哭了又骂，骂了又哭"等，体现出怎样的人伦关系和社会现实？

明确： 严监生除了吝啬外，毕竟不算一个坏人，他的哥哥却是无恶不作，还被推举为"优贡"，真是可笑至极。具体体现在以下两个方面。

一是严贡生六亲不认。亲弟弟严监生病得很重，临死前也不见严贡生过来询问、关心。这时的严贡生在省城参加完科举考试，整天忙着跑关系、走后门，竟然对他弟弟的病情毫不关心。严监生死去三四日后，严贡生才慢悠悠从省城回来，回来以后也没有第一时间去看他弟弟的遗容，而是回家洗脸、喝茶。从这里看出他根本已经丧失了人性。后来他看到了从弟弟家送过来的两件好衣裳和二百两银子，高兴坏了，赶紧穿上孝服去他弟弟家。如果不是看在银子和衣裳的面子上，他当时是绝不会去的，在严贡生眼里钱财比亲情要重要得多。

二是严贡生极度贪婪。亲弟弟严监生死后留下了孤儿寡母两人，严贡生一丝一毫都没有对两人有过帮助，完全不闻不问。后来发生了更不幸的事情，严监生唯一的孩子，非常年幼就出天花死了，只剩下赵姨娘整日以泪洗面。这时候严贡生开始"关心"起他弟弟家了，认真地计划着怎么赶走赵姨娘，然后完全霸占弟弟的家产。他威风凛凛地带着他那同样没有人性的五个儿子，跑过来赶赵姨娘，对她又骂又打，宗族里的人连话也不敢说。幸亏因为本地的县太爷是妾所生，严贡生才没有得逞。可后来严贡生还不甘心，到京城跑关系，结识了周进、范进等高官。他的贪婪最终得逞，分走了弟弟家七成的家产，他的二儿子过继到弟弟家成了弟弟家的新主人，可以想象赵姨娘后来的日子有多惨。

这些语言描写体现了当时罔顾亲情、罔顾人伦、金钱至上的社会背景。

第九讲　从《儒林外史》中三"牛"关系看招摇撞骗的人际交往

选文一：牛布衣之死

（《儒林外史》第二十回）牛布衣又挣起来，朝着床里面席子下拿出两本书来递与老和尚，道："这两本是我生平所做的诗，虽没有甚么好，却是一生相与的人都在上面。我舍不得湮没了，也交与老师父。有幸遇着个后来的才人替我流传了，我死也瞑目！"老和尚双手接了，见他一丝两气，甚不过意；连忙到自己房里，煎了些龙眼莲子汤，拿到床前，扶起来与他吃，已是不能吃了，勉强呷了两口汤，仍旧面朝床里睡下。挨到晚上，痰响了一阵，喘息一回，呜呼哀哉，断气身亡。老和尚大哭了一场。

选文二：牛浦郎号做牛布衣

（《儒林外史》第二十一回）过了些时，老和尚下乡到人家去念经，有几日不回来，把房门锁了，殿上托了浦郎。浦郎自心里疑猜："老师父有甚么诗，却不肯就与我看，哄我想的慌。仔细算来，三讨不如一偷。"趁老和尚不在家，到晚，把房门撬开，走了进去。见桌上摆着一座香炉，一个灯盏，一串念珠，桌上放着些废残的经典，翻了一交，那有个甚么诗。浦郎疑惑道："难道老师父哄我？"又寻到床上，寻着一个枕箱，一把铜锁锁着。浦郎把锁抻开，见里面重重包裹，两本锦面线装的书，上写"牛布衣诗稿"。浦郎喜道："这个是了！"慌忙拿了出来，把枕箱锁好，走出房来，房门依旧关上。将这两本书，拿到灯下一看，不觉眉花眼笑，手舞足蹈的起来。

......

因想："他这人姓牛，我也姓牛。他诗上只写了牛布衣，并不曾有个名字，何不把我的名字，合着他的号，刻起两方图书来印在上面，这两本诗可不算了我的了？我从今就号做牛布衣！"

选文三：牛浦郎连祖牛玉圃

（《儒林外史》第二十二回）牛浦道："不敢拜问老先生尊姓？"那人道："我么，姓牛，名瑶，草字叫作玉圃。我本是徽州人。你姓甚么？"牛浦道："晚生也姓牛，祖籍本来也是新安。"牛玉圃不等他说完，便接着道："你既然姓牛，五百年前是一家，我和你祖孙相称罢。我们徽州人称叔祖是叔公，你从今只叫我做叔公罢了。"

......

牛玉圃走着，回头过来向他说道："方才主人问着你话，你怎么不答应？"牛浦眼瞪瞪的望着牛玉圃的脸说，不觉一脚蹉了个空，半截身子掉下塘去。牛玉圃慌忙来扶，亏有柳树拦着，拉了起来，鞋袜都湿透了，衣服上淋淋漓漓的半截水。牛玉圃恼了，沉着脸道："你原来是上不的台盘的人！"

选文四：牛浦郎使阴招被打

（《儒林外史》第二十三回）牛浦道："方才有一句话正要向叔公说，是敝县李二公说的。"牛玉圃道："甚么话？"牛浦道："万雪斋先生算同叔公是极好的了，但只是笔墨相与，他家银钱大事，还不肯相托。李二公说，他生平有一个心腹的朋友，叔公如今只要说同这个人相好，他就诸事放心，一切都托叔公。不但叔公发财，连我做侄孙的将来都有日子过。"牛玉圃道："他心腹朋友是那一个？"牛浦道："是徽州程明卿先生。"牛玉圃笑道："这是我二十年拜盟的朋友，我怎么不认的。我知道了。"

......

是日，吃了早饭，牛玉圃圆睁两眼，大怒道："你可晓的我要打你哩！"牛浦吓慌了道："做孙子的又不曾得罪叔公，为甚么要打我呢？"牛玉圃道："放你的狗屁！你弄的好乾坤哩！"当下不由分说，叫两个夯汉把牛浦衣裳剥尽了，帽子鞋袜都不留，拿绳子捆起来，臭打了一顿，抬着往岸上一掼，他那一只船就扯起篷来去了。

牛浦被他掼的发昏，又掼倒在一个粪窖子跟前，滚一滚就要滚到粪窖子里面去，只得忍气吞声，动也不敢动。过了半日，只见江里又来了一只船。那船到岸就住了，一个客人走上来粪窖子里面出恭。

◎ 原创题

（1）结合原文，说说三"牛"是怎样的身份。

明确：牛布衣是封建时代科举制度中的失落者，不善趋势迎合，"以诗会友"，客死异乡，晚景凄凉。

牛浦郎出身于生意人家，向往学堂，在甘露寺偷得牛布衣诗集，冒充牛布衣，结交权贵，图慕虚荣。

牛玉圃是个低俗爱吹牛的人，回扬州的船上认了牛浦郎为孙子，带着牛浦郎招摇撞骗。后牛浦郎出阴招被牛玉圃暴打。

（2）结合原文，说说牛浦郎使了什么阴招被打。简述牛浦郎被打后的遭际。

明确：万雪斋原是盐商程明卿的管家，后来自己做生意发了家，因此最恨别人提起此事。牛浦郎向牛玉圃说如果在万雪斋面前提起程明卿，就会要挟住万雪斋而得到更大的好处，不料引起万雪斋的愤怒，将牛玉圃赶了出来。牛玉圃迁怒于牛浦郎，找到牛浦郎并暴打了牛浦郎一顿。

牛浦郎被剥光衣服扔在粪窖子边时，对黄客人谎称自己是秀才，要到安东县董老爷家去做馆。黄客人见他果然与老爷交往，招他做女婿。牛浦郎隐瞒已成亲，在安东快活。后来真正的牛布衣妻子牛奶奶寻夫，见了这个冒牌的牛布衣，把牛浦郎告了。向知县以同名同姓为由，放了牛浦郎。

（3）结合原著，谈谈你对三"牛"关系的看法。

明确：牛浦郎，他的名字履历是冒充的，两本诗集是冒充的，秀才身份是冒充的，就连做黄家女婿也是骗来的。他步步撒谎，处处骗人，每日里借着讲诗，到处招摇撞骗。

　　牛玉圃更是满嘴跑火车，与王义安说同在九门提督共事，互相吹捧；回到扬州，拜访东家万雪斋，吹嘘自己名气太大，在京城求他写字、作诗的人很多。

　　归根结底，三"牛"不是骗人者就是被骗者。万雪斋、牛玉圃等人固然是牛浦郎效法的极好榜样，而董知县、向知县以至好心的老和尚、黄客人这些被骗者，又何尝不在从另一个角度鼓励着、滋养着骗子的成长？作者在牛浦郎假充牛布衣正走好运的时候，安排了一个叫作石老鼠的骗子来冒充牛浦郎的舅舅。这个细节，使现状活生生地展示在读者面前。

第十讲　底层人物的高尚一

——解读鲍文卿看作者吴敬梓的理想追求

卧闲草堂评语：天下极豪侠、极义气的事，偏是此辈不读书、不做官的人做得来，此是作者微词，亦是人间真事。

选文一：素不相识，鲍文卿救知县向鼎

（《儒林外史》第二十四回）按察司道："你有甚么话，起来说。"鲍文卿道："方才小的看见大老爷要参处的这位是安东县向老爷。这位老爷小的也不曾认得。但自从七八岁学戏，在师父手里就念的是他做的曲子。这老爷是个大才子，大名士。如今二十多年了，才做得一个知县，好不可怜。如今又要因这事参处了。况他这件事也还是敬重斯文的意思，不知可以求得大老爷免了他的参处罢？"按察司道："不想你这一个人倒有爱惜才人的念头。你倒有这个意思，难道我倒不肯？只是如今免了他这一个革职，他却不知道是你救他。我如今将这些缘故写一个书子，把你送到他衙门里去，叫他谢你几百两银子，回家做个本钱。"鲍文卿磕头谢了。

选文二：收养同乡秀才倪霜峰的六儿子倪廷玺

（《儒林外史》第二十五回）倪老爹说到此处，不觉凄然垂下泪来。鲍文卿又斟一杯酒，递与倪老爹，说道："老爹，你有甚心事，不妨和在下说，我或者可以替你分忧。"倪老爹道："这话不说罢，说了反要惹你长兄笑。"鲍文卿道："我是何等之人，敢笑老爹？老爹只管说。"倪老爹道："不瞒你说，我是六个儿子，死了一个，而今只得第六个小儿子在家里，那四个……"

说着，又忍着不说了。鲍文卿道："那四个怎的？"倪老爹被他问急了，说道："长兄，你不是外人，料想也不笑我。我不瞒你说，那四个儿子，我都因没有的吃用，把他们卖在他州外府去了！"鲍文卿听见这句话，忍不住的眼里流下泪来，说道："这是个可怜了！"倪老爹垂泪道："岂但那四个卖了！这一个小的，将来也留不住，也要卖与人去！"

选文三：拒绝两个书办的金钱诱惑

（《儒林外史》第二十五回）彼此谈及，鲍文卿说要到向太爷衙门里去的。那两人就是安庆府里的书办，一路就奉承鲍家父子两个，买酒买肉，请他吃着。晚上候别的客人睡着了，便悄悄向鲍文卿说："有一件事，只求太爷批一个'准'字，就可以送你二百两银子。又有一件事，县里详上来，只求太爷驳下去，这件事竟可以送三百两。你鲍太爷在我们太老爷跟前恳个情罢！"鲍文卿道："不瞒二位老爹说，我是个老戏子，乃下贱之人。蒙太老爷抬举，叫到衙门里来，我是何等之人，敢在太老爷跟前说情？"那两个书办道："鲍太爷，你疑惑我这话是说谎么？只要你肯说这情，上岸先兑五百两银子与你。"鲍文卿笑道："我若是欢喜银子，当年在安东县曾赏过我五百两银子，我不敢受。自己知道是个穷命，须是骨头里挣出来的钱才做得肉。我怎肯瞒着太老爷拿这项钱？况且他若有理，断不肯拿出几百两银子来寻人情。若是准了这一边的情，就要叫那边受屈，岂不丧了阴德？依我的意思，不但我不敢管，连二位老爹也不必管他。自古道：'公门里好修行。'你们服侍太老爷，凡事不可坏了太老爷清名，也要各人保着自己的身家性命。"

选文四：替向鼎巡考场，杜绝舞弊，公平公正

（《儒林外史》第二十六回）向知府要下察院考童生，向鲍文卿父子两个道："我要下察院去考童生，这些小厮们若带去巡视，他们就要作弊。你父子两个是我心腹人，替我去照顾几天。"

鲍文卿领了命，父子两个在察院里巡场查号。安庆七学共考三场。见那些童生，也有代笔的，也有传递的，大家丢纸团，掠砖头，挤眉弄眼，无所不为。到了抢粉汤包子的时候，大家推成一团，跌成一块，鲍廷玺看不上眼。有一个童生，推着出恭，走到察院土墙跟前，把土墙挖个洞，伸手要到外头去接

文章，被鲍廷玺看见，要采他过来见太爷。鲍文卿拦住道："这是我小儿不知世事。相公，你一个正经读书人，快归号里去做文章。倘若太爷看见了，就不便了。"忙拾起些土来把那洞补好，把那个童生送进号去。

（《儒林外史》第二十六回）后来渐渐说到他是一个老梨园脚色，季守备脸上不觉就有些怪物相。向知府道："而今的人，可谓江河日下。这些中进士、做翰林的，和他说到传道穷经，他便说迂而无当；和他说到通今博古，他便说杂而不精。究竟事君交友的所在，全然看不得！不如我这鲍朋友，他虽生意是贱业，倒颇多君子之行。"因将他生平的好处说了一番，季守备也就肃然起敬。

◎ 原创题

（1）结合原文说说向鼎因何被上司参处。

明确：上司说向知县与做诗文的牛浦，都放着人命大事不问。

（2）作者借向鼎之口评价鲍文卿多"君子之行"，结合上述选文做具体分析。

明确：向鼎与鲍文卿虽然素不相识，但鲍文卿跪求知县向鼎——爱惜才人。

鲍文卿收养同乡秀才倪霜峰的六儿子倪廷玺——扶危济困。

鲍文卿拒绝两个书办的金钱诱惑——坚持原则，不慕金钱。

鲍文卿替向鼎巡视考场——杜绝舞弊，公平公正。

鲍文卿虽然为梨园戏子，社会地位低，但人性极有光辉。

第十一讲　底层人物的高尚二

——解读凤四老爹看作者吴敬梓的理想追求

选文一：

（《儒林外史》第四十九回）只见一个四十多岁的大汉，两眼圆睁，双眉直竖，一部极长的乌须，垂过了胸膛，头戴一顶力士巾，身穿一领元色缎紧袖袍，脚踹一双尖头靴，腰束一条丝鸾绦，肘下挂着小刀子，走到厅中间，作了一个总揖，便说道："诸位老先生在此，小子在后面却不知道，失陪的紧。"秦中书拉着坐了，便指着凤四爹对万中书道："这位凤长兄是敝处这边一个极有义气的人。他的手底下，实在有些讲究，而且一部《易筋经》记的烂熟的。他若是趱一个劲，那怕几千斤的石块，打落在他头上，身上，他会丝毫不觉得。这些时，舍弟留他在舍间早晚请教，学他的技艺。"万中书道："这个品貌，原是个奇人，不是那手无缚鸡之力的。"

选文二：

（《儒林外史》第五十回）凤四老爹把万中书拉到左边一个书房里坐着，问道："万先生，你的这件事，不妨实实的对我说，就有天大的事，我也可以帮衬你。说含糊话，那就罢了。"万中书道："我看老爹这个举动，自是个豪杰。真人面前，我也不说假话了。我这场官司，倒不输在台州府，反要输在江宁县。"凤四老爹道："江宁县方老爷待你甚好，这是为何？"万中书道："不瞒老爹说，我实在是个秀才，不是个中书。只因家下日计艰难，没奈何出来走走，要说是个秀才，只好喝风屙烟。说是个中书，那些商家同乡绅财主们，才肯有些照应。不想今日被县尊把我这服色同官职写在批上，将来解回去，钦案都也不妨，倒是这假官的官司吃不起了。"凤四老爹沉吟了一刻，道："万先生，你假如是个真官回去，这官司不知可得赢？"万中书道："我同苗总兵系一面之交，又不曾有甚过赃犯法的事，量情不得大输。只要那里不晓得假官一节，也就罢了。"凤四老爹道："你且住着，我自有道理。"

（《儒林外史》第五十一回）万中书开发了原差人等，官司完了，同凤四老爹回到家中，念不绝口的说道："老爹真是我的重生父母，再长爹娘！我将何以报你！"凤四老爹大笑道："我与先生既非旧交，向日又不曾受过你的恩惠，这不过是我一时偶然高兴。你若认真感激起我来，那倒是个鄙夫之见了。我今要往杭州去寻一个朋友，就在明日便行。"万中书再三挽留不住，只得凭着凤四老爹要走就走。

选文三：

（《儒林外史》第五十一回）那妇人不见凤四老爹解衣，耳朵里却听得轧轧的橹声。那妇人要抬起头来看，却被凤四老爹一腿压住，死也不得动，只得细细的听，是船在水里走哩，那妇人急了，忙问道："这船怎么走动了？"凤四老爹道："他行他的船，你睡你的觉，倒不快活！"那妇人越发急了，道："你放我回去罢！"凤四老爹道："呆妮子！你是骗钱，我是骗人，一样的骗，怎的就慌？"那妇人才晓得是上了当了。只得哀告道："你放了我，任凭甚东西，我都还你就是了。"凤四老爹道："放你去却不能！拿了东西来才能放你去。我却不难为你。"说着，那妇人起来，连裤子也没有了。万中书同丝客人从舱里钻出来看了，忍不住的好笑。

选文四：

（《儒林外史》第五十二回）凤四老爹转身走上厅来，背靠着他柜台外柱子，大叫道："你们要命的快些走出去！"说着，把两手背剪着，把身子一扭，那条柱子就离地歪在半边，那一架厅檐，就塌了半个，砖头瓦片，纷纷的打下来，灰土飞在半天里。还亏朝奉们跑的快，不曾伤了性命。那时街上人听见里面倒的房子响，门口看的人都挤满了。毛二胡子见不是事，只得从里面走出来。凤四老爹一头的灰，越发精神抖抖，走进楼底下，靠着他的庭柱。众人一齐上前软求。毛二胡子自认不是，情愿把这一笔账本利清还，只求凤四老爹不要动手。凤四老爹大笑道："谅你有多大的个巢窝！不毂我一顿饭时，都拆成平地！"这时秦二侉子同陈正公都到楼下坐着。秦二侉子说道："这件事，原是毛兄的不是。你以为没有中人、借券，打不起官司，告不起状，就可以白骗他的。可知道'不怕该债的精穷，只怕讨债的英雄'！你而今遇着凤四哥，还怕赖到那里去！"那毛二胡子无计可施，只得将本和利一并兑还，才完了这件横事。

陈正公得了银子，送秦二侉子、凤四老爹二位上船。彼此洗了脸，拿出两封一百两银子，谢凤四老爹。凤四老爹笑道："这不过是我一时高兴，那里要你谢我！留下五十两，以清前帐。这五十两，你还拿回去。"陈正公谢了又谢，拿着银子，辞别二位，另上小船去了。

◎ 原创题

作者借秦中书评价凤鸣岐，"这位凤长兄是敝处这边一个极有义气的人"，请结合上述选文做具体分析。

明确：老四和万里（万青云）初次晤面，之前并未相识。但在万里出事被抓之后，当主人秦中书和高翰林、施御史辈面面相觑、不知所措的时候，凤老四积极打探，力争套清楚万里被捕的缘由。而为了"也是会过这一场"的朋友义气，凤鸣岐竟然决定陪同万里到浙江"审审"。同时凤鸣岐要秦中书出银、高翰林出力、施御史出面，替万里捐一中书职衔从而消弭这场官事。在他的仗义相助之下，这场弥天大祸竟然变成了天大喜事，万青云由假中书成了真中书。这一行为，显示出了凤老四敢作敢为的壮士本色。

在重点叙述这一官司的过程中，作者还穿插了两件难以处置的纠纷，进一步表现"壮士"凤四老爹的仗义性格。丝客人因为少年不老成，为了一夜风流而被骗，是一桩打不得官司的窝囊事。凤四老爹十分同情与自己仅有一面之缘的丝客人，以同样手法骗回了钱财。同样，毛二胡子骗了陈正公一千两银子避而不见，凤鸣岐一旦出面，顷刻之间让毛二胡子乖乖交出来银子和利息。

这三个事件中，凤四老爹为仅有一面之缘的弱者伸张了正义，实在大快人心。这种出于朋友义气的壮士行为，同样受到了作者的赞扬。

　　在万中书事件中，凤四老爹这等壮士和高翰林之类构成强烈的对比，从而表达了吴敬梓对自己同一阶级的文士深深的失望。高翰林一辈在万里出事之前，竞相拉拢，唯恐落于人后，而在万里出事之后，又唯恐躲之不及，最后解救万中书也是为了"怕日后拖累"，才让凤四老爹出面处理此事。

第十二讲　"第一甲"三君子

——解读杜仪

　　闲斋老人在《儒林外史·序》中说："其书以功名富贵为一篇之骨：有心艳功名富贵而媚人下人者；有倚仗功名富贵而骄人傲人者；有假托无意功名富贵自以为高，被人看破耻笑者；终乃以辞却功名富贵，品地最上一层，为中流砥柱。"

　　选文一：

　　(《儒林外史》第三十一回) 韦四太爷道："他家兄弟虽有六七十个，只有这两个人招接四方宾客；其余的都闭了门在家，守着田园做举业。我所以一见就问这两个人。两个都是大江南北有名的。慎卿虽是雅人，我还嫌他带着些姑娘气。少卿是个豪杰，我也是到他家去的，和你长兄吃了饭一同走。"鲍廷玺道："太爷和杜府是亲戚？"韦四太爷道："我同他家做赣州府太老爷自小同学拜盟的，极相好的。"鲍廷玺听了，更加敬重。

　　……

　　王胡子道："我家这位少爷也出奇！一个娄老爹，不过是太老爷的门客罢了！他既害了病，不过送他几两银子，打发他回去，为甚么养在家里，当作祖宗看待，还要一早一晚自己服侍！"那小厮道："王叔，你还说这话哩！娄太爷吃的粥和菜，我们煨了，他儿子、孙子看过还不算，少爷还要自己看过了才送与娄太爷吃！人参铫子自放在奶奶房里，奶奶自己煨人参，药是不消说。一早一晚，少爷不得亲自送人参，就是奶奶亲自送人参与他吃。你要说这样话，只好惹少爷一顿骂！"

选文二：

（《儒林外史》第三十二回）杜少卿应了，心里想着没有钱用，叫王胡子来商议道："我圩里那一宗田，你替我卖给那人罢了。"王胡子道："那乡人他想要便宜，少爷要一千五百两银子，他只出一千三百两银子；所以小的不敢管。"杜少卿道："就是一千三百两银子也罢。"王胡子道："小的要禀明少爷才敢去；卖的贱了，又惹少爷骂小的。"杜少卿道："那个骂你？你快些去卖，我等着要银子用。"王胡子道："小的还有一句话要禀少爷：卖了银子，少爷要做两件正经事；若是几千几百的白白的给人用，这产业卖了也可惜。"

选文三：

（《儒林外史》第三十三回）坐了一会，杜少卿也坐轿子来了。轿里带了一只赤金杯子，摆在桌上，斟起酒来，拿在手内，趁着这春光融融，和气习习，凭在栏杆上，留连痛饮。这日杜少卿大醉了，竟携着娘子的手，出了园门，一手拿着金杯，大笑着，在清凉山冈子上走了一里多路。背后三四个妇女，嘻嘻笑笑跟着。两边看的人目眩神摇，不敢仰视。

选文四：

（《儒林外史》第三十四回）小厮进来说："邓老爷来了，坐在河房里，定要会少爷。"杜少卿叫两个小厮搀扶着，做个十分有病的模样，路也走不全，出来拜谢知县；拜在地下，就不得起来。知县慌忙扶了起来，坐下就道："朝廷大典，李大人端要借光，不想先生病得狼狈至此。不知几时可以勉强就道？"杜少卿道："治晚不幸大病，生死难保，这事断不能了。总求老父台代我恳辞。"袖子里取出一张呈子来递与知县。

……

高老先生道："我们天长、六合，是接壤之地，我怎么不知道，诸公莫怪学生说，这少卿是他杜家第一个败类！他家祖上几十代行医，广积阴德，家里也挣了许多田产。到了他家殿元公，发达了去，虽做了几十年官，却不会寻一个钱来家。到他父亲，还有本事中个进士，做一任太守——已经是个呆子了：做官的时候，全不晓得敬重上司，只是一味希图着百姓说好；又逐日讲那些'敦孝弟，劝农桑'的呆话。这些话是教养题目文章里的词藻，他竟拿着当了真，惹的上司不喜欢，把个官弄掉了！他这儿子就更胡说，混穿混吃，和尚、道士、工匠、花子，都拉着相与，却不肯相与一个正经人！不到十年内，把六七万银子弄的精光。天长县站不住，搬在南京城里，日日携着乃眷上酒馆吃酒，手里拿着一个铜盏子，就像讨饭的一般！不想他家竟出了这样子弟！学生在家里，往常教子侄们读书，就以他为戒。每人读书的桌子上写一纸条贴着，上面写道：'不可学天长杜仪！'"迟衡山听罢，红了脸道："近日朝廷征辟他，他都不就。"高老先生冷笑道："先生，你这话又错了。他果然肚里通，就该中了去！"又笑道："征辟难道算得正途出身么？"萧柏泉道："老先生说的是。"向众人道："我们后生晚辈，都该以老先生之言为法。"当下又吃了一会酒，话了些闲话。席散，高老先生坐轿先去了。

众位一路走，迟衡山道："方才高老先生这些话，分明是骂少卿，不想倒替少卿添了许多身分。众位先生，少卿是自古及今难得的一个奇人！"马二先生道："方才这些话，也有几句说的是。"季苇萧道："总不必管他。他河房里有趣，我们几个人，明日一齐到他家，叫他买酒给我们吃！"余和声道："我们两个人也去拜他。"当下约定了。

……

俗语说："'只顾羊卵子，不顾羊性命。'所以曾子不吃。"杜少卿笑道："古人解经，也有穿凿的，先生这话就太不伦了。"

……

杜少卿道："朱文公解经，自立一说，也是要后人与诸儒参看。而今丢了诸儒，只依朱注，这是后人固陋，与朱子不相干。小弟遍览诸儒之说，也有一二私见请教。"

……

季苇萧多吃了几杯，醉了，说道："少卿兄，你真是绝世风流。据我说，镇日同一个三十多岁的老嫂子看花饮酒，也觉得扫兴。据你的才名，又住在这样的好地方，何不娶一个标致如君，又有才情的，才子佳人，及时行乐？"杜少卿道："苇兄，岂不闻晏子云：'今虽老而丑，我固及见其姣且好也。'况且娶妾的事,小弟觉得最伤天理。天下不过是这些人,一个人占了几个妇人,天下必有几个无妻之客。小弟为朝廷立法:人生须四十无子,方许娶一妾;此妾如不生子,便遣别嫁。是这等样,天下无妻子的人或者也少几个。也是培补元气之一端。"萧柏泉道:"先生说得好一篇风流经济!"迟衡山叹息道:"宰相若肯如此用心,天下可立致太平!"

选文五:

(《儒林外史》第四十一回)须臾,姚奶奶走出房门外去。沈琼枝在杜娘子面前,双膝跪下。娘子大惊,扶了起来。沈琼枝便把盐商骗他做妾,他拐了东西逃走的话说了一遍:"而今只怕他不能忘情,还要追踪而来。夫人可能救我?"杜少卿道:"盐商富贵奢华,多少士大夫见了就销魂夺魄;你一个弱女子,视如土芥,这就可敬的极了!但他必要追踪,你这祸事不远。却也无甚大害。"

链接:金和《儒林外史跋》云"书中杜少卿乃先生自况……或象形谐声,或庾词隐语,全书载笔,言皆有物,绝无凿空而谈者"。杜少卿是作者吴敬梓的自况,已经得到学界的普遍认同。

◎ **原创题**

对于杜少卿,荦四老爷评价为"豪杰",王胡子评价为"出奇",高翰林说其是"杜家第一个败类",迟衡山说其是"自古及今难得的一个奇人"。根据上述材料,结合原著,谈谈你的看法。

明确:杜少卿这个形象,可以说是作者的化身或寓有作者自己的影子。

杜少卿虽然出身于"一门三鼎甲,四代六尚书"的大官僚地主家庭,却出淤泥而不染,敢于对某些封建权威和封建礼俗提出大胆的挑战,有离经叛道的可贵勇气,思想中具有某些民主主义的成分。

① 淡泊功名,傲视权贵。杜少卿是作者极力称赞的人物。李巡抚荐举他入京做官,他用手帕抱了头装病不去。有人要同他去会知县,他说:"王家这一宗灰堆里的进士,他拜我做老师我还不要,我会他怎么!"这些言行与《儒林外史》中世人追名逐利的风气恰成鲜明的对照。

② 尊重妇女,讲求地位平等。杜少卿不顾封建社会礼法的束缚,以平等

身份对待妻子，反对约束妇女的"三从四德"。他敢于在封建社会窒息的时代在光天化日之下拉着妻子的手游山饮酒，不惧别人异样的眼光。

③ 讲求孝道，追求恣情任性、不受拘束的生活。在封建的"三纲五常""三从四德"以及君臣父子、忠孝节义的思想观念下，杜少卿是敢于挑战封建权威的离经叛道的勇士。他力排众议，称赞沈琼枝的反抗行为，说："盐商富贵奢华，多少士大夫见了就销魂夺魄；你一个弱女子，视如土芥，这就可敬的极了！"这是一个具有一定程度个性解放思想的人。

④ 乐于助人，扶危济困，尚义任侠。在别人遇到困难时给予慷慨无私的帮助，是中华民族的优良品德。即使杜少卿自己的生活极为贫困，捉襟见肘的现象不断出现，也不改其乐于助人的品性。

杜少卿是吴敬梓描写的一批真儒名贤之一，体现了作者改造社会的理想。作者理想中的人物是既有传统儒家美德，又有六朝名士风度的文人，追求道德和才华互补的人生境界。

第十三讲 《儒林外史》两位"才女"

——解读鲁小姐和沈琼枝

选文一："八股才女"鲁小姐

（《儒林外史》第十一回）话说蘧公孙招赘鲁府，见小姐十分美貌，已是醉心，还不知小姐又是个才女。且他这个才女，又比寻常的才女不同。鲁编修因无公子，就把女儿当作儿子，五六岁上请先生开蒙，就读的是"四书""五经"；十一二岁就讲书、读文章，先把一部王守溪的稿子读的滚瓜烂熟。教他做"破题""破承""起讲""题比""中比"成篇。送先生的束脩，那先生督课，同男子一样。这小姐资性又高，记心又好，到此时，王、唐、瞿、薛，以及诸大家之文，历科程墨，各省宗师考卷，肚里记得三千余篇；自己作出来的文章，又理真法老，花团锦簇。鲁编修每常叹道："假若是个儿子，几十个进士、状元都中来了！"

……

两公子同蘧公孙才到家，看门的禀道："鲁大老爷有要紧事，请蘧少爷回去，来过三次人了。"蘧公孙慌回去，见了鲁夫人。夫人告诉说，编修公因女婿不肯做举业，心里着气，商量要娶一个如君，早养出一个儿子来教他读书，接进士的书香。夫人说年纪大了，劝他不必，他就着了重气。昨晚跌了一交，半身麻木，口眼有些歪斜。小姐在傍泪眼汪汪，只是叹气。公孙也无奈何，忙走到书房去问候。

……

（《儒林外史》第十三回）不多几日，蘧公孙来辞，说蘧太守有病，要回嘉兴去侍疾。两公子听见，便同公孙去候姑丈。及到嘉兴，蘧太守已是病得重了，看来是个不起之病。公孙传着太守之命，托两公子替他接了鲁小姐回家。两公子写信来家，打发婢子去说。鲁夫人不肯。小姐明于大义，和母亲说了，要去侍疾。此时采蘋已嫁人去了，只有双红一个丫头做了赠嫁。叫两只大船，全副妆奁都搬在船上。来嘉兴，太守已去世了。公孙承重。鲁小姐上侍孀姑，下理家政，井井有条，亲戚无不称美。

......

公孙居丧三载，因看见两个表叔半世豪举，落得一场扫兴，因把这做名的心也看淡了，诗话也不刷印送人了。服阕之后，鲁小姐头胎生的个小儿子，已有四岁了。小姐每日拘着他在房里讲"四书"，读文章。公孙也在傍指点。却也心里想在学校中相与几个考高等的朋友谈谈举业，无奈嘉兴的朋友都知道公孙是个做诗的名士，不来亲近他。

选文二："诗赋才女"沈琼枝

（《儒林外史》第四十回）沈琼枝听见，也不言语，下了轿，一直走到大厅上坐下。说道："请你家老爷出来！我常州姓沈的，不是甚么低三下四的人家！他既要娶我，怎的不张灯结彩，择吉过门，把我悄悄的抬了来，作娶妾的一般光景？我且不问他要别的，只叫他把我父亲亲笔写的婚书拿出来与我看，我就没的说了！"老妈同家人都吓了一跳，甚觉诧异，慌忙走到后边报与老爷知道。

......

沈琼枝在宋家过了几天，不见消息，想道："彼人一定是安排了我父亲，再来和我歪缠。不如走离了他家，再作道理。"将他那房里所有动用的金银器皿、真珠首饰，打了一个包袱，穿了七条裙子，扮作小老妈的模样，买通了那丫鬟，五更时分，从后门走了，清晨出了钞关门上船。那船是有家眷的。沈琼枝上了船，自心里想道："我若回常州父母家去，恐惹故乡人家耻笑。"细想："南京是个好地方，有多少名人在那里。我又会做两句诗，何不到南京去卖诗过日子？或者遇着些缘法出来也不可知。"立定主意，到仪征换了江船，一直往南京来。

选文三：

（《儒林外史》第四十一回）荡到利涉桥，上岸走走，见马头上贴着一个招牌，上写道："毗陵女士沈琼枝，精工顾绣，写扇作诗。寓王府塘手帕巷内。赐顾者幸认'毗陵沈'招牌便是。"

……

武书对杜少卿说道："我看这个女人实有些奇。若说他是个邪货，他却不带淫气；若是说他是人家遣出来的婢妾，他却又不带贱气。看他虽是个女流，倒有许多豪侠的光景。他那般轻倩的装饰，虽则觉得柔媚，只一双手指却像讲究勾、搬、冲的。论此时的风气，也未必有车中女子同那红线一流人。却怕是负气斗狠，逃了出来的。等他来时，盘问盘问他，看我的眼力如何。"

……

沈琼枝在杜娘子面前，双膝跪下。娘子大惊，扶了起来。沈琼枝便把盐商骗他做妾，他拐了东西逃走的话说了一遍："而今只怕他不能忘情，还要追踪而来。夫人可能救我？"杜少卿道："盐商富贵奢华，多少士大夫见了就销魂夺魄；你一个弱女子，视如土芥，这就可敬的极了！但他必要追踪，你这祸事不远。却也无甚大害。"

◎ 原创题

结合上述选文，比较鲁小姐和沈琼枝两个女性形象的异同。

明确：二者均才貌双全。鲁小姐受父亲鲁编修影响痴迷于八股，执着于追求功名富贵，她的这种理想代表了千万个封建大家庭中的传统女性的思想；沈琼枝在宽松的家庭中长大，精工顾绣，写扇作诗，在才女的基础上更有些侠女的气派，她追求平等和自由，不慕富贵，有着独立的人格。

《儒林外史》塑造了沈琼枝这个具有妇女个性解放意识的光辉形象，其可爱可敬的灵魂在读者心中留下了深刻的印象。作者也借一些女性形象使整本书对八股制的抨击、功名富贵的否定以及对当时封建社会势利和虚伪的揭示得更加深刻。

第十四讲　又是一个奥楚蔑洛夫

——解读梅玖

选文一：

（《儒林外史》第二回）申祥甫拱进堂屋。梅玖方才慢慢的立起来和他相见。周进就问："此位相公是谁？"众人道："这是我们集上在庠的梅相公。"周进听了，谦让不肯僭梅玖作揖。梅玖道："今日之事不同。"周进再三不肯。众人道："论年纪也是周先生长，先生请老实些罢。"梅玖回过头来向众人道："你众位是不知道我们学校规矩，老友是从来不同小友序齿的。只是今日不同，还是周长兄请上。"原来明朝士大夫称儒学生员叫作"朋友"，称童生是"小友"。比如童生进了学，不怕十几岁，也称为"老友"；若是不进学，就到八十岁，也还称"小友"。

……

梅玖道："我因先生吃斋，倒想起一个笑话，是前日在城里我那案伯顾老相公家听见他说的。有个做先生的一字至七字诗。"众人都停了箸听他念诗。他便念道："呆，秀才，吃长斋，胡须满腮，经书不揭开，纸笔自己安排，明年不请我自来。"念罢，说道："像我这周长兄如此大才，呆是不呆的了。"又掩着口道："秀才，指日就是；那'吃长斋，胡须满腮'，竟被他说一个着！"说罢，哈哈大笑。众人一齐笑起来。周进不好意思。

……

梅玖道："我不知道，该罚！该罚！但这个话不是为周长兄，他说明了是个秀才。但这吃斋也是好事。先年俺有一个母舅，一口长斋，后来进了学，老师送了丁祭的胙肉来，外祖母道：'丁祭肉若是不吃，圣人就要计较了：大则降灾，小则害病。'只得就开了斋。俺这周长兄，只到今年秋祭，少不得有胙肉送来，不怕你不开哩。"众人说他发的利市好，同斟一杯，送与周先生预贺，把周先生脸上羞的红一块，白一块，只得承谢众人，将酒接在手里。

选文二：

（《儒林外史》第七回）汶上县学四等第一名上来是梅玖，跪着阅过卷。学道作色道："做秀才的人，文章是本业，怎么荒谬到这样地步！平日不守本分，多事可知！本该考居极等，姑且从宽，取过戒饬来，照例责罚！"梅玖告道："生员那一日有病，故此文字胡涂。求大老爷格外开恩！"学道道："朝廷功令，本道也做不得主。左右！将他扯上凳去，照例责罚！"说着，学里面一个门斗已将他拖在凳上。梅玖急了，哀告道："大老爷！看生员的先生面上开恩罢！"学道道："你先生是那一个？"梅玖道："现任国子监司业周蒉轩先生，讳进的，便是生员的业师。"范学道道："你原来是我周老师的门生，也罢，权且免打。"门斗把他放起来，上来跪下。学道吩咐道："你既出周老师门下，更该用心读书。像你做出这样文章，岂不有玷门墙桃李！此后须要洗心改过。本道来科考时，访知你若再如此，断不能恕了！"喝声："赶将出去！"

……

那江西先生不在家，房门关着。只有堂屋中间墙上还是周先生写的联对，红纸都久已贴白了，上面十个字是："正身以俟时，守己而律物。"梅玖指着向和尚道："还是周大老爷的亲笔，你不该贴在这里，拿些水喷了，揭下来裱一裱，收着才是。"和尚应诺，连忙用水揭下。

◎ **解读**

周进考到60多岁连秀才都不是，到薛家集坐馆，被自命不凡的新进秀才梅玖百般戏弄。"呆，秀才，吃长斋，胡须满腮，经书不揭开，纸笔自己安排，明年不请我自来"，梅玖的话尖酸刻薄，轻蔑嘲讽，众人也是附和嘲笑。读书人捞不到秀才被人取笑，内心隐痛、失望颓唐、悲凉至极。正如当众说"你怎的连半个秀才也捞不到呢", 孔乙己"脸上笼上了一层灰色", 此刻的周进也是供人取乐的小丑, 尊严完全被践踏。

当周进平步青云时, 梅玖依然是秀才, 而且还考了四等, 范进要"照例责罚"时, 他居然觍着脸说自己是周进的学生。范进视周进为再生父母, 自然"权且免打"了。梅玖当年最看不起的对象却成了他今日之救星, 真是讽刺; 当年不遗余力羞辱的人成了他今日要附庸之高人, 甚至对周进的一副对联也表现出如此的"厚爱", 真是一个彻头彻尾的势利小人形象。

没有进学, 没有中举, 没有地位, 不遗余力地踩贬; 于己有利, 于面有光, 即使毫无关系, 也恬不知耻地攀附、吹捧。原文围绕的核心是功名富贵, 从中可以看出梅玖简直又是一个"奥楚蔑洛夫"。

第十五讲 蘧公孙和鲁小姐的尴尬婚礼

——跟吴敬梓学写场面

（《儒林外史》第十回）忽然乒乓一声响，屋梁上掉下一件东西来；不左不右，不上不下，端端正正掉在燕窝碗里，将碗打翻。那热汤溅了副末一脸，碗里的菜泼了一桌子。定睛看时，原来是一个老鼠从梁上走滑了脚，掉将下来。那老鼠掉在滚热的汤里，吓了一惊，把碗跳翻，爬起就从新郎官身上跳了下去，把簇新的大红缎补服都弄油了。众人都失了色，忙将这碗撤去，桌子打抹干净，又取一件圆领与公孙换了。

……

须臾，酒过数巡，食供两套，厨下捧上汤来。那厨役雇的是个乡下小使。他靸了一双钉鞋，捧着六碗粉汤，站在丹墀里，尖着眼睛看戏。管家才掇了四碗上去，还有两碗不曾端，他捧着看戏，看到戏场上小旦装出一个妓者，扭扭捏捏的唱，他就看昏了，忘其所以然，只道粉汤碗已是端完了，把盘子向地下一掀，要倒那盘子里的汤脚，却叮当一声响，把两个碗和粉汤都打碎在地下。他一时慌了，弯下腰去抓那粉汤，又被两个狗争着，咂嘴弄舌的，来抢那地下的粉汤吃。他怒从心上起，使尽平生气力，跷起一只脚来踢去。不想那狗倒不曾踢着，力太用猛了，把一只钉鞋踢脱了，踢起有丈把高。陈和甫坐在左边的第一席。席上上了两盘点心——一盘猪肉心的烧卖，一盘鹅油白糖蒸的饺儿——热烘烘摆在面前，又是一大深碗索粉八宝攒汤。正待举起箸来到嘴，忽然席口一个乌黑的东西，的溜溜的滚了来，乒乓一声，把两盘点心打的稀烂。陈和甫吓了一惊，慌立起来，衣袖又把粉汤碗招翻，泼了一桌。满坐上都觉得诧异。鲁编修自觉得此事不甚吉利，懊恼了一回，又不好说。

◎ 解读

1. 两个场面描写的特点

（1）"老鼠掉汤锅"

这个场景的叙述次序：第一是"'乒乓'一声"的响声；其次是"一件东西"掉到燕窝碗里，"掉"的情形是"不左不右，不上不下，端端正正"；再次是"热汤溅了副末一脸，碗里的菜泼了一桌子"。描写了"果"，作者才交代"因"——"原来是一个老鼠从梁上走滑了脚，掉将下来"。由"果"到"因"的叙述法，既使得事情显得突兀，又设置悬念，吸引读者。几个动词"掉""溅""泼"的使用准确形象。接下来，老鼠"跳"翻汤碗，从新郎身上"跳"了下去，"弄"油了"簇新的大红缎补服"。真是斯文扫地。

（2）"小使飞钉鞋"

吴敬梓写这个飞钉鞋的过程，是按照顺序叙述的。从小使端汤看戏开始，丝丝入扣，又出人意料。汤碗打碎在地上，却不料狗来抢食；小使用钉鞋踢狗，却不料飞了出去；钉鞋飞出，又不料飞到点心盘上；陈和甫"吓了一惊"，又不料衣袖把粉汤碗招翻，泼了一桌。

写这个过程，吴敬梓又施展描写的本领：写小旦唱戏，是"扭扭捏捏的唱"；写小使看戏，是"看昏了，忘其所以然"；写狗抢食，是"龇嘴弄舌的"；写小使踢狗，是"怒从心上起，使尽平生力气，跷起一只脚来踢去"；写钉鞋飞来，是"一个乌黑的东西溜溜的滚了来"。这第二幕场景，比起第一幕更令人捧腹，真是想不笑都难。

本来庄严喜庆的婚礼却尴尬至极。众人"诧异"，鲁编修自觉"不甚吉利"，要"一个个都要重责"。

2. 两个滑稽场面的内涵

蘧、鲁两家，一个是曾经的南昌太守，一个是朝廷的翰林编修，可以称得上门当户对；蘧公孙和鲁小姐，都有才有貌，才貌相当。他们的婚礼在娄府那里，本来洋溢着喜庆的氛围，却不料到了鲁家的宴席上，发生了"老鼠掉汤碗"和"小厮飞钉鞋"两件很尴尬或不和谐之事。小说家吴敬梓完全不是随意写来，而是细细铺陈，让尴尬的场面仿佛就在眼前。如此的笔墨自然隐藏着作者的用意，即尴尬的婚礼隐喻着蘧、鲁两人婚姻的尴尬、人生的尴尬。

鲁小姐的满心希望变成了暗自垂泪，只能课子实现举业。

鲁编修本指望招来一个好女婿，谁知因为生女婿的气而断送了性命。

蘧公孙一心作风流名士，最后变成他原先最瞧不起的八股选家。

蘧、鲁的婚姻就像"老鼠走了汤碗"，是一场意外，偏离了人生的本来追求。也像乡下半大小子，无意倒了汤碗，用力太猛踢飞了钉鞋，丢了不该丢的，毁了有价值的。

第十六讲　无趣的好人

——解读马纯上

《儒林外史》既不用制度的弊端来开脱卑劣士子，也不用士子的卑劣来为制度辩护。

一、马二倾尽银子九十二两替蘧公孙赎枕箱

（《儒林外史》第十四回）马二先生见他这话说顶了真，心里着急道："头翁，我的束脩其实只得一百两银子，这些时用掉了几两，还要留两把作盘费到杭州去。挤的干干净净，抖了包，只挤的出九十二两银子来，一厘也不得多。你若不信，我同你到下处去拿与你看。此外行李箱子内，听凭你搜。若搜出一钱银子来，你把我不当人。就是这个意思，你替我维持去。如断然不能，我也就没法了，他也只好怨他的命。"

二、马二出资安葬欺骗、利用自己的洪憨仙

（《儒林外史》第十五回）洪憨仙道："先生久享大名，书坊敦请不歇，今日因甚闲暇，到这祠里来求签？"马二先生道："不瞒老先生说，晚学今年在嘉兴选了一部文章，送了几十金，却为一个朋友的事垫用去了。如今来到此处，虽住在书坊里，却没有甚么文章选。寓处盘费已尽，心里纳闷，出来闲走走。要在这仙祠里求个签，问问可有发财机会。谁想遇着老先生，已经说破晚生心事，这签也不必求了。"

……

马二先生恍然大悟："他原来结交我是要借我骗胡三公子！幸得胡家时运高，不得上算。"又想道："他亏负了我甚么？我到底该感激他。"当下回来，候着他装殓，算还庙里房钱，叫脚子抬到清波门外厝着。马二先生备个牲醴、纸钱，送到厝所，看着用砖砌好了。剩的银子，那四个人做盘程，谢别去了。

三、资助匡超人回乡尽孝

（《儒林外史》第十五回）马二先生道："休慌。你在此终不是个长策，我送你盘费回去。"匡超人道："若蒙资助，只借出一两银子就好了。"马二先生道："不然，你这一到家，也要些须有个本钱奉养父母，才得有工夫读书。我这里竟拿十两银子与你。你回去做些生意，请医生看你尊翁的病。"当下开箱子，取出十两一封银子，又寻了一件旧棉袄、一双鞋，都递与他，道："这银子，你拿家去；这鞋和衣服，恐怕路上冷，早晚穿穿。"

四、痴迷科举

屡试不第——（《儒林外史》第十三回）马二先生道："小弟补廪二十四年，蒙历任宗师的青目，共考过六七个案首，只是科场不利，不胜惭愧！"

刻板严谨——（《儒林外史》第十三回）"……所以小弟批文章，总是采取《语类》《或间》上的精语。时常一个批语要做半夜，不肯苟且下笔，要那读文章的读了这一篇，就悟想出十几篇的道理，才为有益……"

（《儒林外史》第四十九回）高翰林道："……那马先生讲了半生，讲的都是些不中的举业……"

相与蘧公孙——（《儒林外史》第十三回）公孙道："小弟因先君见背的早，在先祖膝下料理些家务，所以不曾致力于举业。"马二先生道："你这就差了。'举业'二字，是从古及今人人必要做的。就如孔子生在春秋时候，那时用'言扬行举'做官；故孔子只讲得个'言寡尤，行寡悔，禄在其中'，这便是孔子的举业。"

相与匡超人——（《儒林外史》第十五回）你如今回去，奉事父母，总以文章举业为主。人生世上，除了这事，就没有第二件可以出头。

五、马二游西湖——吃茶、吃面、看美食、看女人、拜御书

（《儒林外史》第十四回）往前走过了六桥，转个湾，便像些村乡地方，又有人家的棺材厝基，中间走了一二里多路，走也走不清，甚是可厌。

马二先生欲待回家，遇着一走路的，问道："前面可还有好顽的所在？"那人道："转过去便是净慈、雷峰，怎么不好顽？"马二先生又往前走。走到半里路，见一座楼台盖在水中间，隔着一道板桥。马二先生从桥上走过去，门口也是个茶室，吃了一碗茶。

……

马二先生在门外望里张了一张，见几个人围着一张桌子，摆着一座香炉，众人围着，像是请仙的意思。马二先生想道："这是他们请仙判断功名大事，我也进去问一问。"站了一会，望见那人磕头起来。傍边人道："请了一个才女来了。"马二先生听了暗笑。又一会，一个问道："可是李清照？"又一个问道："可是苏若兰？"又一个拍手道："原来是朱淑真！"马二先生道："这些甚么人？料想不是管功名的了，我不如去罢。"

◎ 解读马二

鲁迅先生："（马二先生）西湖之游，虽全无会——颇杀风景，而茫茫然大嚼而归，迂腐之本色固在。"

马二的举业宣传渗透着封建的说教，讲的尽是"中了举人、进士，即刻就荣宗耀祖""显亲扬名才是大孝"之类的腐臭道理。就这样，他养就了十足的奴性，成为封建统治者恭顺的奴才。

但他几乎又是个侠肝义胆的"好汉"。他对匡超人，虽然萍水相逢，却真心爱助；对蘧公孙，仅是初交，就不惜倾囊为之销赃弭祸；对骗过他的洪憨仙，仍捐资为之装殓送殡。这都是感人至深的忠厚诚笃的君子行为。

他并不是作者的理想人物，因为他也以同样的"侠魄"投入八股举业，

而且正因为他是那样的真诚、热情，使他终于成为一个被现实、历史嘲弄，也被作者讽刺的人物。但作者批评的不是他的品行，只是从他身上透视出科举制度窒息人的恶果。正如猪八戒是没有宗教情怀的世俗人的象征一样，马二是沉溺于教条而不自知、循规蹈矩的文人的共鸣。

马二游西湖，不是为了赏心悦目，体验生之美好，而是为了"颇可以添文思"这一功利目的，最要命的是他那套文思的定势，也取消了他鉴赏美景的能力，无论是"断桥残雪"，还是"平湖秋月"，对他来说都"不在意思"，"苏堤春晓""六桥烟柳"只是让他觉得"走也走不清，甚是可厌"。别人嫌少，他嫌多，与此同理，对别人是美不胜收，对他是一无所感，除了用《中庸》的词句"真乃载华岳而不重，振河海而不泄，万物载焉！"来形容西湖，他别无语汇。

语言是思想的家园。《中庸》等圣贤书把马二的语言都限定得僵死了，他哪里还有自己，哪里还有活人的生动的情趣。在他和范进这样的人身上，反衬出了"杂览"——文学对生命的滋润作用，被文学滋润的人方为"有趣"之人。范进不知苏轼为何人，马二不知李清照为何人，不是完全清楚地说明了八股取士磨灭人性的罪恶吗？

第十七讲　一个好人的蜕变史

——解读匡迥

一、感恩马二先生资助

（《儒林外史》第十五回）马二先生道："休慌。你在此终不是个长策，我送你盘费回去。"匡超人道："若蒙资助，只借出一两银子就好了。"马二先生道："不然，你这一到家，也要些须有个本钱奉养父母，才得有工夫读书。我这里竟拿十两银子与你。你回去做些生意，请医生看你尊翁的病，"当下开箱子，取出十两一封银子，又寻了一件旧棉袄、一双鞋，都递与他，道："这银子，你拿家去；这鞋和衣服，恐怕路上冷，早晚穿穿。"匡超人接了衣裳、银子，两泪交流道："蒙先生这般相爱，我匡迥何以为报！意欲拜为盟兄，将来诸事还要照顾。只是大胆，不知长兄可肯容纳？"

二、孝顺、勤快

（《儒林外史》第十六回）次日清早起来，拿银子到集上买了几口猪，养在圈里，又买了斗把豆子。先把猪肩出一个来杀了，烫洗干净，分肌劈理的卖了一早晨；又把豆子磨了一厢豆腐，也都卖了，钱拿来放在太公床底下，就在太公跟前坐着。见太公烦闷，便搜出些西湖上景致，以及卖的各样的吃食东西，又听得各处的笑话，曲曲折折，细说与太公听。太公听了也笑。

太公过了一会，向他道："我要出恭，快喊你娘进来。"母亲忙走进来，正要替太公垫布，匡超人道："爹要出恭。不要这样出了。像这布垫在被窝里，出的也不自在。况每日要洗这布，娘也怕熏的慌，不要熏伤了胃气。"太公道："我站的起来出恭倒好了，这也是没奈何！"匡超人道："不要站起来。我有道理。"连忙走到厨下端了一个瓦盆，盛上一瓦盆的灰，拿进去放在床面前，就端了一条板凳，放在瓦盆外边，自己扒上床，把太公扶了横过来，两只脚放在板凳上，屁股紧对着瓦盆的灰。他自己钻在中间，双膝跪下，把太公两条腿捧着肩上，让太公睡的安安稳稳，自在出过恭；把太公两腿扶上床，仍旧直过来。又出的畅快，被窝里又没有臭气。他把板凳端开，瓦盆拿出去倒了，依旧进来坐着。

三、太公临终箴言

（《儒林外史》第十七回）那日，太公自知不济，叫两个儿子都到跟前，吩咐道："我这病犯得拙了，眼见得望天的日子远，入地的日子近！我一生是个无用的人，一块土也不曾丢给你们，两间房子都没有了。第二的侥幸进了一个学，将来读读书，会上进一层也不可知；但功名到底是身外之物，德行是要紧的。我看你在孝悌上用心，极是难得，却又不可因后来日子略过的顺利些，就添出一肚子里的势利见识来，改变了小时的心事。我死之后，你一满了服，就急急的要寻一头亲事，总要穷人家的儿女，万不可贪图富贵，攀高结贵。你哥是个混账人，你要到底敬重他，和奉事我的一样才是！"

四、苦读见遇贵人

（《儒林外史》第十六回）不想这知县这一晚就在庄上住，下了公馆，心中叹息："这样乡村地面，夜深时分还有人苦功读书，实为可敬！只不知这人是秀才，是童生。何不传保正来问一问？"当下传了潘保正来，问道："庄南头庙门傍那一家，夜里念文章的是个甚么人？"保正知道就是匡家，悉把如此这般："被火烧了，租在这里住。这念文章的是他第二个儿子匡迥，每日念到三四更鼓。不是个秀才，也不是个童生，只是个小本生意人。"知县听罢惨然，吩咐道："我这里发一个帖子，你明日拿出去，致意这匡迥，说我此时也不便约他来会，现今考试在即，叫他报名来应考，如果文章会做，我提拔他。"

五、追逐名士，参与湖州诗会

（《儒林外史》第十七回）景兰江道："众位先生所讲中进士，是为名？是为利？"众人道："是为名。"景兰江道："可知道赵爷虽不曾中进士，外边诗选上刻着他的诗几十处，行遍天下，那个不晓得有个赵雪斋先生？只怕比进士享名多着哩！"说罢，哈哈大笑。众人都一齐道："这果然说的快畅！"一齐干了酒。匡超人听得，才知道天下还有这一种道理。

（《儒林外史》第十八回）选本已成，书店里拿去看了，回来说道："向日马二先生在家兄文海楼，三百篇文章要批两个月，催着还要发怒，不想先生批的恁快！我拿给人看，说又快又细。这是极好的了！先生住着，将来各书坊里都要来请先生，生意多哩！"因封出二两选金，送来说道："刻完的时候，还送先生五十个样书。"

六、薄情寡义，虚伪撒谎

（《儒林外史》第二十回）匡超人道："不然！不然！我们在里面也和衙门一般：公座、朱墨、笔、砚，摆的停当。我早上进去，升了公座；那学生们送书上来，我只把那日子用朱笔一点，他就下去了。学生都是荫袭的三品以上的大人，出来就是督、抚、提、镇，都在我跟前磕头。像这国子监的祭酒，是我的老师。他就是现任中堂的儿子。中堂是太老师。前日太老师有病，满朝问安的官都不见，单只请我进去，坐在床沿上，谈了一会出来。"

……

匡超人道："潘三哥是个豪杰。他不曾遇事时，会着我们，到酒店里坐坐，鸭子是一定两只；还有许多羊肉、猪肉、鸡、鱼。像这店里钱数一卖的菜，他都是不吃的。可惜而今受了累！本该竟到监里去看他一看，只是小弟而今比不得做诸生的时候。既替朝廷办事，就要照依着朝廷的赏罚。若到这样地方去看人，便是赏罚不明了。"蒋刑房道："这本城的官，并不是你先生做着。你只算去看看朋友，有甚么赏罚不明？"匡超人道："二位先生，这话我不该说，因是知己面前不妨。潘三哥所做的这些事，便是我做地方官，我也是要访拿他的。如今倒反走进监去看他，难道说朝廷处分的他不是？这就不是做臣子的道理了。况且我在这里取结，院里、司里都知道的。如今设若走一走，传的上边知道，就是小弟一生官场之玷。这个如何行得！可好费你蒋先生的心，多拜上潘三哥，凡事心照。若小弟侥幸，这回去就得个肥美地方，到任一年半载，那时带几百银子来帮衬他，倒不值甚么。"两人见他说得如此，大约没得辩他，吃完酒，各自散讫。

◎ **解读匡二**

农家子弟匡超人，原是一个老实后生，"自小也上过几年学，因是家寒无力，读不成了"，跟着一个卖柴的客商由家乡乐清县去了省城杭州，在柴行里记账，后来那客商折本走人，匡超人流落街头，摆一个测字摊混几文钱糊口，无人测字时就拿出一本资深八股文选家马纯上先生新近编选的《三科程墨持运》来读，希望将来能走读书应科举的路子；而一想起生病在家的父亲就伤心流泪。此时的匡超人尚不失为一个忠厚有为的青年，虽然在困苦之中，仍然不废学习进取。对此作者的态度是肯定的。

好心的选家马纯上马二先生见他是个孝子，又会写一点八股文（只是水平还比较低，"才气是有，只是理法上欠些"），便与他结为兄弟，仗义疏财，送他十两银子作为回家的路费，也好奉养父母。临别之际，马二先生叮嘱说："贤弟，你回去奉养父母，总以做举业为主。就是生意不好，奉养不周，也不必介意，总以做文章为主。"八股专家马二的这一席话现在听上去固然十分陈腐固陋，而他为匡超人所做的人生设计在当时不失为一条正路。

匡超人回了老家之后，一面做小本生意养家，侍奉生病的父亲，一面按马二先生的指教认真研读八股，终于感动了县太爷，被叫去应试，不久便中了秀才。他老父亲临终前叮嘱他说："侥幸进了一个学，将来读读书，会上进一层也不可知，但功名到底是身外之物，德行是要紧的。我看你在孝悌上用心，极是难得，却又不可因后来日子略过的顺利些，就添出一肚子里的势利见识来，改变了小时的心事。"这是极其重要的遗嘱，也是作者的点睛之笔。不管实行什么制度，"德行是要紧的"。

可惜匡超人恰恰是一个德行由好变坏的典型。奖掖他的清官李本瑛老爷遭到诬陷被罢官以后，匡超人受到牵连，不得已到杭州暂避。这时他完全变了一个人，同景兰江、支剑锋、浦墨卿等"斗方名士"一起鬼混，又结交了一个"把持官府，包揽词讼，广放私债，毒害良民，无所不为"的地痞奸棍潘三，学会了许多为真儒所不齿的勾当：盗名欺世，伪造公文，充当枪手，附庸风雅，并因此弄到大量的不义之财，还混到了一个老婆，用不正当的手段去谋求功名利禄。

潘三事发被捕后，匡超人吓得面如土色，逃窜到京城去躲避，却因祸得福，得以依附他的旧恩人李老爷（他的冤案已经平反昭雪，现在京中任职），此前他已补了廪，贡入太学；这时匡超人更隐瞒婚姻情况，停妻再娶，成了李老爷外甥女辛小姐的夫婿。后来他为了考教官，"回本省地方取结"，回了一趟杭州、乐清。这时他更不像样子了，满嘴牛皮，竟然说什么"此五省读书的人，家家隆重的是小弟，都在书案上，香火蜡烛，供着'先儒匡子之神位'！""先儒"专指已经去世的儒者，匡超人连这个都不懂，却大言不惭地一味替自己做广告。正统儒家讲究"尊德性而道问学"（《中庸》），匡超人这两方面皆不可闻问，一无是处。

匡超人这边"珠围翠绕，燕尔新婚"，拥着"瑶宫仙子，月下嫦娥"，得意忘形；在老家那边，被抛弃的发妻活活吐血闷死。这时匡超人已经基本实现了先前马纯上为他设计的人生道路，但他竟污蔑自己深受其惠的恩人道："这马纯兄理法有余，才气不足，所以他的选本也不甚行。选本总以行为主，若是不行，书店便要赔本。唯有小弟的选本，外国都有的！"先前马二先生指出过他的文章有才气而欠理法，现在他针锋相对地反攻过去，又显得似乎很懂出版界生意经的样子，其实已经沦为丝毫不知感恩、完全不顾廉耻的牛皮大王和骗子手。

作者在叙事描写中，无主观情绪流露，语言表述含蓄，使我们清楚地看到匡超人从纯朴善良到人格沦丧，一步一步地走向堕落。作者笔触越冷静犀利，沉痛讽刺就越热烈。势利社会之恶浊，八股取士之罪恶，力透纸背。

第十八讲　假儒与真儒

——解读《儒林外史》的五次聚会

一、追名、逐利、好色——假儒之聚

1. "追名"篇——娄三、娄四公子大宴莺脰湖之豪奢

（《儒林外史》第十二回）一日，三公子来向诸位道："不日要设一个大会，遍请宾客游莺脰湖。"……

两公子请遍了各位宾客，叫下两只大船，厨役备办酒席，和司茶酒的人另在一个船上；一班唱清曲打粗细十番的，又在一船。此时正值四月中旬，天气清和，各人都换了单夹衣服，手执纨扇。这一次虽算不得大会，却也聚了许多人。在会的是：娄玉亭三公子、娄瑟亭四公子、蘧公孙驲夫、牛高士布衣、杨司训执中、权高士潜斋、张侠客铁臂、陈山人和甫，鲁编修请了不曾到。席间八位名士，带挈杨执中的蠢儿子杨老六也在船上，共合九人之数。当下牛布衣吟诗，张铁臂击剑，陈和甫打哄说笑，伴着两公子的雍容尔雅，蘧公孙的俊俏风流，杨执中古貌古心，权勿用怪模怪样：真乃一时胜会。两边船窗四启，小船上奏着细乐，慢慢游到莺脰湖。酒席齐备，十几个阔衣高帽的管家，在船头上更番斟酒上菜，那食品之精洁，茶酒之清香，不消细说。饮到月上时分，两只船上点起五六十盏羊角灯，映着月色湖光，照耀如同白日，一派乐声大作，在空阔处更觉得响亮，声闻十余里。两边岸上的人，望若神仙，谁人不羡？

（《儒林外史》第十三回）两公子因这两番事后，觉得意兴稍减，吩咐看门的："但有生人相访，且回他到京去了。"自此，闭门整理家务。

……

公孙居丧三载，因看见两个表叔半世豪举，落得一场扫兴，因把这做名的心也看淡了，诗话也不刷印送人了……却也心里想在学校中相与几个考高等的朋友谈谈举业。

◎ 解读

那是在四月中旬，天气清和，一只大船上准备着酒席和茶点，一只小船上载的是唱清曲的，还有一只大船便载着这些名士。"当下牛布衣吟诗，张铁臂击剑，陈和甫打哄说笑，伴着两公子的雍容尔雅，蘧公孙的俊俏风流，杨执中古貌古心，权勿用怪模怪样"，再加上杨老六呆头呆脑，确是一时"胜会"。作者如实地描写了这些"名士"聚会的实况，名之曰"胜会"，似为称誉，其实讥讽之意极其显然。"两边岸上的人，望若神仙"，只不过是羡慕音乐的齐备、酒食的精美而已，对"胜会"本身并无一赞语，倒是鲁编修第二天早上说："如此招摇豪横，恐怕亦非所宜。"

意外的是，莺脰湖之会刚降下帷幕，二娄还沉浸在名士领袖的喜悦之中，张铁臂却马上与两位公子开了个大大的玩笑，"虚设人头会"，骗走了500两银子，权勿用又因奸霸尼姑，被"一条链子锁起来"。这接二连三的打击，使得热心结交名士的二娄万分扫兴，从此闭门不出，不问世事，甚至连蘧公孙也将这做名士的心看淡了。

2."逐利"篇——胡三公子、赵雪斋西湖诗会之"悭吝"

（《儒林外史》第十八回）匡超人接着开看，是一张松江笺，折做一个全帖的样式，上写道：

"谨择本月十五日，西湖宴集，分韵赋诗，每位各出杖头资二星。今将在会诸位先生台衔开列于后：卫体善先生、随岑庵先生、赵雪斋先生、严致中先生、浦墨卿先生、支剑峰先生、匡超人先生、胡密之先生、景兰江先生共九位。"

下写"同人公具"。又一行写道："尊分约齐，送至御书堂胡三老爷收。"

……

　　分子都在胡三公子身上，三公子便拉了景兰江出去买东西。匡超人道："我也跟去顽顽。"当下走到街上，先到一个鸭子店。三公子恐怕鸭子不肥，拔下耳挖来戳戳脯子上肉厚，方才叫景兰江讲价钱买了。因人多，多买了几斤肉，又买了两只鸡，一尾鱼，和些蔬菜，叫跟的小厮先拿了去。还要买些肉馒头。中上当点心。于是走进一个馒头店，看了三十个馒头，那馒头三个钱一个，三公子只给他两个钱一个，就同那馒头店里吵起来。景兰江在傍劝闹。劝了一回，不买馒头了，买了些索面去下了吃，就是景兰江拿着。又去买了些笋干、盐蛋、熟栗子、瓜子之类，以为下酒之物。匡超人也帮着拿些。来到庙里，交与和尚收拾。支剑峰道："三老爷，你何不叫个厨役伺候？为甚么自己忙？"三公子吐舌道："厨役就费了！"又秤了一块银，叫小厮去买米。

　　忙到下午，赵雪斋轿子才到了，下轿就叫取箱来。轿夫把箱子捧到，他开箱取出一个药封来，二钱四分，递与三公子收了。

……

　　匡超人也做了。及看那卫先生、随先生的诗，"且夫""尝谓"都写在内，其余也就是文章批语上采下来的几个字眼。拿自己的诗比比，也不见得不如他。众人把这诗写在一个纸上，共写了七八张。

◎ 解读

　　与莺脰湖大宴不同，这些"名士"们无论有钱没钱，都没有娄家公子大方，他们是集资凑份子，来供诗会花销的。一共是九个人，每人二钱银子，都交给胡三公子，统一备办吃喝。

　　到了日子，一行人坐上一只小船，穿过西湖，准备借花港一家花园开诗会。不料，胡三公子登门去借，对方竟然毫不通融地拒绝了。人家告诉景兰江，这胡三公子太抠门了，去年他借了这里请客，事后没有一点儿表示不说，也不打扫卫生，就连做饭剩下两升米还带了回去……

　　花园借不到，大家只好来到于公祠旁边的一个和尚家。随即，胡三公子带着景兰江和匡超人去置办吃喝酒食，这段十分有意思。

　　食物很丰盛，鸡鸭鱼肉一样不少，还有蔬菜、点心等，看得人垂涎欲滴，特别有食欲。不过这胡三公子着实很会算计，又怕鸭子肉不肥，又嫌馒头贵，讲起价来毫不含糊，完全没有了文人的清高矜持，尽是市井小民的世俗与计较。如此算来算去、吵来吵去，最终肉、馒头没买成，只好换成面条。胡三公子也不舍得花钱雇厨役，买了酒菜就让和尚和自家小厮烹制。

忙到下午，酒菜才做好，大家且不作诗，先喝酒吃饭，酒足饭饱之后才抓阄分韵。匡超人抓了"十五删"的韵，景兰江抓了"十四寒"。不过抓阄后，他们并未当场赋诗，而是各人拿着韵走了，第二天作出交卷就行。莫非这些"名士"们才力有限，当场作诗很困难？

胡三公子果然会过日子，等到大家离开后，他真是一点儿都不肯浪费。文人抠起来，也是算计到了骨头里。

3. "好色"篇——杜慎卿、季苇萧莫愁湖为戏子选美之"无聊"

（《儒林外史》第三十回）季苇萧道："先生生平有山水之好么？"杜慎卿道："小弟无济胜之具，就登山临水，也是勉强。"季苇萧道："丝竹之好有的？"杜慎卿道："偶一听之，可也；听久了，也觉嘈嘈杂杂，聒耳得紧。"又吃了几杯酒，杜慎卿微醉上来，不觉长叹了一口气道："苇兄，自古及今，人都打不破的是个'情'字！"

……

季苇萧笑道："前日你得见妙人么？"杜慎卿道："你这狗头！该记着一顿肥打！但是你的事还做的不俗，所以饶你！"季苇萧道："怎的该打？我原说是美男，原不是像个女人。你难道看的不是？"杜慎卿道："这就真正该打了！"正笑着，只见来道士同鲍廷玺一齐走进来贺喜，两人越发忍不住笑。

……

慎卿念道：

"安庆季苇萧，天长杜慎卿，择于五月初三日，莫愁湖湖亭大会。通省梨园子弟各班愿与者，书名画知，届期齐集湖亭，各演杂剧。每位代轿马五星，荷包、诗扇、汗巾三件。如果色艺双绝，另有表礼奖赏。风雨无阻。特此预传。"

……

当下戏子吃了饭，一个个装扮起来，都是簇新的包头，极新鲜的褶子，一个个过了轿来，打从亭子中间走去。杜慎卿同季苇萧二人，手内暗藏纸笔，做了记认。

少刻，摆上酒席，打动锣鼓，一个人上来做一出戏。也有做《请宴》的，也有做《窥醉》的，也有做《借茶》的，也有做《刺虎》的，纷纷不一。后来王留歌做了一出《思凡》。到晚上，点起几百盏明角灯来，高高下下，照耀如同白日。歌声缥缈，直入云霄。城里那些做衙门的、开行的、开字号店的有钱的人，听见莫愁湖大会，都来雇了湖中打鱼的船，搭了凉篷，挂了灯，都撑到湖中左右来看。看到高兴的时候，一个个齐声喝采，直闹到天明才散。

◎ 解读

杜慎卿谈起缺少一位知己，季苇萧晓得应是同性之爱，就有意戏弄杜慎卿，告诉杜真卿在神乐道观里有一个才貌俱全的人。杜慎卿信以为真，去了后才知道是黑丑胖壮的来霞士。此处貌似调侃之笔，实为作者批判之心。接着，杜慎卿同鲍廷玺商议，召集众多戏子，要开莫愁湖湖亭大会，挑选色艺俱全的人，最后选出了前三名，分别是郑魁官、葛来官、王留哥。

瞧，从梨园男色到青楼女色，再到给戏子排名，此类文人所逞之"风流"的品位格调，无不显示他们是卑劣、空虚、无聊、猥琐的杂糅。

二、修礼和尊贤——真儒之聚

1. "修礼"篇——虞育德、杜仪、迟均修泰伯祠祭祀先圣

（《儒林外史》第三十七回）这一回大祭，主祭的虞博士，亚献的庄征君，终献的马二先生，共三位。大赞的金东崖，副赞的卢华士，司枎的臧荼，共三位。引赞的迟均、杜仪，共二位。司麾的武书一位。司尊的季萑、辛东之、余夔，共三位。司玉的蘧来旬、卢德、虞感祁，共三位。司帛的诸葛佑、景本蕙、郭铁笔，共三位。司稷的萧鼎、储信、伊昭，共三位。司馔的季恬逸、金寓刘、宗姬，共三位。金次福、鲍廷玺，二人领着司球的一人，司琴的一人，司瑟的一人，司管的一人，司鼗鼓的一人，司柷的一人，司敔的一人，司笙的一人，司镛的一人，司箫的一人，司编钟的、司编磬的二人；和佾舞的孩

子，共是三十六人。——通共七十六人。当下厨役开剥了一条牛、四副羊，和祭品的肴馔菜蔬都整治起来，共备了十六席：楼底下摆了八席，二十四位同坐；两边书房摆了八席，款待众人。

吃了半日的酒，虞博士上轿先进城去。这里众位，也有坐轿的，也有走的；见两边百姓，扶老携幼，挨挤着来看，欢声雷动。

◎ **解读**

《儒林外史》前三十回，以讽刺为主，犀利讽刺程朱理学和八股文科举体系下人性的扭曲，这是原著的第一条线索。

三十回后到四十多回，作者文风一变，回归正能量的探索。作者反对的是程朱理学，推崇孔孟之道，但又不盲从孔孟之道，倡导孔孟之道的精华在当朝如何与时俱进、弃其糟粕。这是原著的另一条线索。

以杜少卿为中心的那几回，就是从这个线索去写的，高潮就是泰伯祠祭祀。真正的儒家倡导礼乐兵农，兴农商。除了法律治国外，朝廷还必须以礼教治国。当程朱理学和八股文科举导致礼崩乐坏时，自然涌现有识之士要倡导如何重建礼乐兵农制度，思考程朱所谓的孔孟与真正的儒家到底区别在哪里。《儒林外史》不仅仅是讽刺，还有作者对孔孟思想核心、对当时的思考。其对我们当代也有重大意义。

2. "尊贤"——庄征君、庄濯江奉饯虞老先生

（《儒林外史》第四十六回）庄征君道："老先生此来，恰好虞老先生尚未荣行，又重九相近，我们何不相约作一个登高会，就此便奉饯虞老先生，又可畅聚一日。"庄濯江道："甚好。订期便在舍间相聚便了。"汤镇台坐了一会，起身去了，说道："数日内登高会再接教，可以为尽日之谈。"说罢，二位送了出来。汤镇台又去拜了迟衡山、武正字。庄家随即着家人送了五两银子到汤镇台寓所代席。

过了三日，管家持帖邀客，请各位早到。庄濯江在家等候。庄征君已先在那里。少刻，迟衡山、武正字、杜少卿，都到了。庄濯江收拾了一个大敞榭，四面都插了菊花。此时正是九月初五，天气亢爽，各人都穿着裌衣，啜茗闲谈。又谈了一会，汤镇台、萧守府、虞博士都到了。众人迎请进来，作揖坐下。汤镇台道："我们俱系天涯海角之人，今幸得贤主人相邀一聚，也是三生之缘。又可惜虞老先生就要去了。此聚之后，不知快晤又在何时？"庄濯江道："各位老先生当今山斗，今日惠顾茅斋，想五百里内贤人聚矣。"

坐定，家人捧上茶来。揭开来，似白水一般，香气芬馥，银针都浮在水面。

◎ 解读

泰伯祠主祭将要离职，当年的盛事是意在倡导礼乐兵农的。但是结果呢？世风日下。此回最感人处莫过于杜少卿对虞育德的拜别，他道："老叔已去，小侄从今无所依归矣！"凄然之状可以想见。余有达对于虞育德的评价为："难进易退，真乃天怀淡定之君子。我们他日出身皆当以此公为法。"可见虞育德对于贤德士子影响之大。

第十九讲　邀你吃顿儒林饭

——《儒林外史》品读之广东美食篇

余建润（广东省罗定市泷州中学　广东省陈冰清名教师工作室成员）

何谓美食？难以有一定论，但凡肚子瘪了，清水灼白菜也可以是人间美味；肚子饱了，鲍参翅肚形同虚设。美食与天、地、人息息相关。

我看书，最喜看里面的美食，一来可满足吃货不能吃尽四方八面的遗憾，二来可透过食物了解不同时代、地域的风土人情。如果说《红楼梦》中的饮食属于明清贵族式的精致与奢华（如茄鲞），《水浒传》中的属于江湖英雄的粗野与力量（如割十斤熟牛肉），《金瓶梅》中的属于民间饮食男女的欲望与放纵（如红烧猪头），那么《儒林外史》中的食物就最接近普通老百姓的口味了，简单、朴实，烟火味浓。

《儒林外史》是一本以明清知识分子为对象的小说，古代知识分子的穿戴、言谈、行为、思想都有独特的地方。拿服饰来说，古代知识分子基本都是头戴方巾，身穿直裰，脚踏粉底皂靴，这是读书人尊贵身份的象征。大家还记得鲁迅先生笔下的孔乙己吧，"站着喝酒而穿长衫的唯一的人"，长衫与直裰是一回事。只有在饮食方面知识分子似乎与老百姓没什么两样，今天就推出《儒林外史》的老广东菜给大家尝尝。

俗话说"食在广东"，广东人在吃的方面是认真的：天上飞的、水里游的、树上爬的……但凡能吃的就能上广东人的饭桌，如猪下水。猪下水，也叫猪杂，就是猪内脏，在广东不吃猪内脏是少见的。《儒林外史》开篇就因为一大串猪大肠而让读者记忆犹新。第三回的主角是老童生范进，范进是广东番禺人，科考考到五十多岁还是一个老童生，呜呼哀哉！小说第三回范进终于转运，考取了秀才。老丈人胡屠户闻讯赶来，"手里拿着一副大肠和一瓶酒，走了进来"，必须跟老女婿好好庆贺一番，猪大肠便是最华丽的手信。

毋庸置疑，在家徒四壁的范家，一味猪大肠绝对是豪华大餐，一够油水，二不贵，三确实好吃。小说没有详细介绍如何烹饪猪大肠，只是在结尾交代"吃到日西时分，胡屠户吃的醺醺的"，猪大肠配广东米酒的效果便淋漓尽致体现出来。时至今日，猪大肠依然是不少餐馆、家庭的桌上美味，酸菜大肠、啫啫大肠、爆炒大肠、红烧大肠……我最喜欢的是酸菜猪大肠，这两者简直绝配，酸菜的酸辣与猪肠的油腻完美融合，相得益彰。记得某年春节去亲戚家拜年，桌上鸡、鸭、鹅、鱼应有尽有，当中还有一盘酸菜大肠。刚开始我还埋怨主人家太寒碜，猪大肠上桌待客不周。结果吃到最后，其他菜几乎动也没动，只有酸菜猪肠老早就被洗荡得干干净净，我心里的厌恨早消化在骚味浓郁的酸菜猪肠里了。

在小吃世界，猪大肠更是受欢迎。香港街头名小吃有一款是炸猪大肠，外酥内嫩；北京的卤煮，如缺了猪大肠，就等于没了灵魂。

到底那天范进的老婆与母亲是如何炮制这副猪大肠的？大家一起来脑洞大开。我估计没有什么配料，酸菜也是没有的，姜蒜应该有点，但油炸大肠不可能，因为穷鬼家里一滴油也没有。最有可能的是清水煮大肠，一副长长肥肥的大肠洗干净后，放进滚烫的开水中，开水瞬间变成奶白色，翻滚着白色的脂肪丝，柴房充盈着久违的肉香味、油香味，还有猪大肠的特异味。实践证明，独大肠也可以成就餐桌的奇迹，所向披靡。

书中提到的广东地域还有高要县，那住着小说中的两个重量级人物：严监生与严贡生两兄弟。严监生是谁？就是中国文学史上赫赫有名的吝啬鬼，临死前硬举着两个手指头不肯瞑目，为的是两根没熄灭的灯芯，他与巴尔扎克笔下的葛朗台不相伯仲。严家有点财富，接待知县张静斋老爷与范举人自然不敢怠慢，一桌准备了九个盘子，都是"鸡、鸭、糟鱼、火腿之类"，三人九个菜相当隆重。这一桌的食材极为常见，与现代无异。现代广东普通人家的日常与宴席也离不开鸡鸭鱼，特点是肉多。吃一肚子肉，在物资贫乏的时代，极为畅快。记得小时候，吃鸡鸭是奢侈的，是只有在逢年过节才有的待遇，盼过年是那时小孩共同的印记。记得某年的正月，外婆托人捎话说过几天宰头猪聚餐，于是那几天的梦就都被一盘盘的猪肉塞满了。

现在，老百姓的生活好了，鸡鸭鱼吃腻了，开始追求精简的饭食。可逢年过节或请客宴席还必须大摆筵席，依旧以肉为主，可见传统的思维习惯是多么根深蒂固。

第二十讲　剖析《朝花夕拾》多组对比

一、人类与鬼神、动物世界对比

在动物界，虽然并不如古人所幻想的那样舒适自由，可是噜苏做作的事总比人间少。它们适性任情，对就对，错就错，不说一句分辩话。虫蛆也许是不干净的，但它们并没有自命清高；鸷禽猛兽以较弱的动物为饵，不妨说是凶残的罢，但它们从来就没有竖过"公理""正义"的旗子，使牺牲者直到被吃的时候为止，还是一味佩服赞叹它们。

——《狗·猫·鼠》

人是大抵自以为衔些冤抑的；活的"正人君子"们只能骗鸟，若问愚民，他就可以不假思索地回答你：公正的裁判是在阴间！

想到生的乐趣，生固然可以留恋；但想到生的苦趣，无常也不一定是恶客。

——《无常》

◎ 设题

（1）鲁迅是真的仇猫吗？狗、猫、鼠的寓意是什么？

明确：作者表面上讨厌猫，实际上鞭挞了与猫类似习性的一类人，如当时社会上的一些"正人君子"、军阀统治者的帮凶。

狗，有两层含义：一是"多管闲事"的或者不愿与猫作对的狗，另一个就是与猫打了擂台，和猫争抢、压迫群众权利的人。猫，是尽情折磨弱者，到处嗥叫，有时又是一副媚态的暴虐者。鼠，是遭到压迫的生活于社会最底层的劳苦大众。文章表达了作者同情弱小者和憎恶暴虐者的态度。

（2）怎么理解"无常也不一定是恶客"？

明确：《无常》通过无常这个"鬼"和现实中的"人"对比，深刻地刻画出了现实生活中某些"人格"不如"鬼格"的人的丑恶面目，讽刺现实中所谓的正人君子，虚幻的无常给予了当时鲁迅寂寞悲凉的心些许的安慰。

二、不同人物性格之对比

这又使我发生新的敬意了，别人不肯做，或不能做的事，她却能够做成功。她确有伟大的神力。谋害隐鼠的怨恨，从此完全消灭了。

……

我的保姆，长妈妈即阿长，辞了这人世，大概也有了三十年了罢。我终于不知道她的姓名，她的经历；仅知道有一个过继的儿子，她大约是青年守寡的孤孀。

仁厚黑暗的地母呵，愿在你怀里永安她的魂灵！

——《阿长与〈山海经〉》

一回是我已经十多岁了，和几个孩子比赛打旋子，看谁旋得多。她就从旁计着数，说道，"好，八十二个了！再旋一个，八十三！好，八十四！……"但正在旋着的阿祥，忽然跌倒了，阿祥的婶母也恰恰走进来。她便接着说道，"你看，不是跌了么？不听我的话。我叫你不要旋，不要旋……"

……

这些话我听去似乎很异样，便又不到她那里去了，但有时又真想去打开大橱，细细地寻一寻。大约此后不到一月，就听到一种流言，说我已经偷了家里的东西去变卖了，这实在使我觉得有如掉在冷水里。

——《琐记》

◎ 设题

（1）"使我发生新的敬意"的是什么事？作者对长妈妈是什么态度？

明确：买《山海经》。敬意和怀念。

（2）在《朝花夕拾》中，衍太太教唆孩子做哪些坏事？

明确：吃冰，打旋子，偷家里东西卖，散布不实谣言，看下流画，父亲临终拼命喊。

三、作者对人物情感之对比（欲扬先抑）

1. 从此我总觉得这范爱农离奇，而且很可恶。天下可恶的人，当初以为是满人，这时才知道还在其次；第一倒是范爱农。中国不革命则已，要革命，首先就必须将范爱农除去。

2. 我至今不明白他究竟是失足还是自杀。

他死后一无所有，遗下一个幼女和他的夫人。有几个人想集一点钱作他女孩将来的学费的基金，因为一经提议，即有族人来争这笔款的保管权——其实还没有这笔款——大家觉得无聊，便无形消散了。

现在不知他唯一的女儿景况如何？倘在上学，中学已该毕业了罢。

——《范爱农》

3. 虽然背地里说人长短不是好事情，但倘使要我说句真心话，我可只得说：我实在不大佩服她。最讨厌的是常喜欢切切察察，向人们低声絮说些什么事。还竖起第二个手指，在空中上下摇动，或者点着对手或自己的鼻尖。

4. 这种敬意，虽然也逐渐淡薄起来，但完全消失，大概是在知道她谋害了我的隐鼠之后。那时就极严重地诘问，而且当面叫她阿长。我想我又不真做小长毛，不去攻城，也不放炮，更不怕炮炸，我惧惮她什么呢！

5. 又使我发生新的敬意了，别人不肯做，或不能做的事，她却能够做成功。她确有伟大的神力。谋害隐鼠的怨恨，从此完全消灭了。

这四本书，乃是我最初得到，最为心爱的宝书。

——《阿长与〈山海经〉》

◎ 设题

（1）（2016年中考）联系原著，概括鲁迅与范爱农交往的三件事。作者开篇从和范爱农的矛盾冲突写起，这是什么写法？有什么作用？

明确：同乡会争执（东京初识），故土重逢（叙旧），学校共事（绍兴共事，辅助鲁迅教学）。

欲扬先抑。作用：为下文写两人互释前嫌埋下伏笔，为刻画范爱农的形象和突出他的悲惨命运起了重要的作用。

（2）长妈妈有哪些性格特点？请举例说明。

明确：身份低微，行为粗鲁，不被尊重，麻木，愚蠢而迷信，饶舌、多事、有许多繁文缛节，但也是一个淳朴、善良、关心孩子的劳动妇女。

四、人物前后心情对比

1. 我笑着跳着，催他们要搬得快。忽然，工人的脸色很谨肃了，我知道有些蹊跷，四面一看，父亲就站在我背后。

"去拿你的书来。"他慢慢地说。

2. 我似乎从头上浇了一盆冷水。但是，有什么法子呢？自然是读着，读着，强记着——而且要背出来。

3. 直到现在，别的完全忘却，不留一点痕迹了，只有背诵《鉴略》这一段，却还分明如昨日事。

我至今一想起，还诧异我的父亲何以要在那时候叫我来背书。

——《五猖会》

◎ 设题

怎么理解"我至今一想起，还诧异我的父亲何以要在那时候叫我来背书"？

明确：表达了父亲对儿童心理的不了解和父子之间的隔膜，含蓄批判封建教育的专制、不顾儿童天性。

五、教师形象对比

1. "先生，'怪哉'这虫，是怎么一回事？……"我上了生书，将要退下来的时侯，赶忙问。

"不知道！"他似乎很不高兴，脸上还有怒色了。

——《从百草园到三味书屋》

2. 但他也偶有使我很为难的时候。他听说中国的女人是裹脚的，但不知道详细，所以要问我怎么裹法，足骨变成怎样的畸形，还叹息道，"总要看一看才知道。究竟是怎么一回事呢？"

3. 我交出所抄的讲义去，他收下了，第二三天便还我，并且说，此后每一星期要送给他看一回。我拿下来打开看时，很吃了一惊，同时也感到一种不安和感激。

4. 每当夜间疲倦，正想偷懒时，仰面在灯光中瞥见他黑瘦的面貌，似乎正要说出抑扬顿挫的话来，便使我忽又良心发现，而且增加勇气了，于是点上一枝烟，再继续写些为"正人君子"之流所深恶痛疾的文字。

——《藤野先生》

◎ 设题

（1）"怒色"和"叹息"分别体现寿镜吾先生和藤野先生怎样的教学态度？

明确：寿镜吾先生的教学态度是，师道尊严，不容冒犯，抹杀孩子好奇心；藤野先生的教学态度是，实事求是，鼓励探索、质疑。

（2）联系原著，说说藤野先生对"我"帮助的几件事，以及其性格特点。

明确：检查并订正"我"抄的讲义（认真负责），纠正"我"绘的解剖图（严格要求），对"我"敢于解剖尸体感到放心（热情诚恳），向"我"了解中国女人裹脚的情形（求实精神）。

六、对待儿童态度之对比

1. 我走近去，她便将书塞在我的眼前道，"你看，你知道这是什么？"我看那书上画着房屋，有两个人光着身子仿佛在打架，但又不很象。正迟疑间，他们便大笑起来了。这使我很不高兴，似乎受了一个极大的侮辱，不到那里去大约有十多天。

——《琐记》

2. 过了十多天，或者一个月罢，我还记得，是她告假回家以后的四五天，她穿着新的蓝布衫回来了，一见面，就将一包书递给我，高兴地说道：

"哥儿，有画儿的'三哼经'，我给你买来了！"

我似乎遇着了一个霹雳，全体都震悚起来；赶紧去接过来，打开纸包，是四本小小的书，略略一翻，人面的兽，九头的蛇，……果然都在内。

——《阿长与〈山海经〉》

◎ 设题

衍太太怂恿儿童看儿童不宜的画，长妈妈排除万难为孩子买喜欢的书。对待儿童，成人应该是怎样的态度？

明确：尊重儿童，顺应儿童天性，让儿童看健康读物。

七、儿童读物之对比

1. 只要对于白话来加以谋害者，都应该灭亡！

每看见小学生欢天喜地地看着一本粗拙的《儿童世界》之类，另想到别国的儿童用书的精美，自然要觉得中国儿童的可怜。但回忆起我和我的同窗小友的童年，却不能不以为他幸福，给我们的永逝的韶光一个悲哀的吊唁。

2. 我想，事情虽然未必实现，但我从此总怕听到我的父母愁穷，怕看见我的白发的祖母，总觉得她是和我不两立，至少，也是一个和我的生命有些妨碍的人。后来这印象日见其淡了，但总有一些留遗，一直到她去世——这大概是送给《二十四孝图》的儒者所万料不到的罢。

——《二十四孝图》

3. 有一次是《华盛顿论》，汉文教员反而惴惴地来问我们道："华盛顿是什么东西呀？……"

看新书的风气便流行起来，我也知道了中国有一部书叫《天演论》。星期日跑到城南去买了来，白纸石印的一厚本，价五百文正。翻开一看，是写得很好的字，开首便道：

"赫胥黎独处一室之中，在英伦之南，背山而面野，槛外诸境，历历如在机下。乃悬想二千年前，当罗马大将恺撒未到时，此间有何景物？计惟有天造草昧……"

哦，原来世界上竟还有一个赫胥黎坐在书房里那么想，而且想得那么新鲜？一口气读下去，"物竞""天择"也出来了，苏格拉第、柏拉图也出来了，斯多葛也出来了。学堂里又设立了一个阅报处，《时务报》不待言，还有

《译学汇编》，那书面上的张廉卿一流的四个字，就蓝得很可爱。

"你这孩子有点不对了，拿这篇文章去看去，抄下来去看去。"一位本家的老辈严肃地对我说，而且递过一张报纸来。接来看时，"臣许应骙跪奏……"，那文章现在是一句也不记得了，总之是参康有为变法的，也不记得可曾抄了没有。

仍然自己不觉得有什么"不对"，一有闲空，就照例地吃侉饼，花生米，辣椒，看《天演论》。

——《琐记》

◎ 设题

（1）为什么鲁迅说"只要对于白话来加以谋害者，都应该灭亡"？

明确：鲁迅先生是白话文的拥护者，这句话体现了鲁迅对反对白话者的憎恶，是对中国推广白话文的希望。文言文对于孩子来说不好懂，普及白话文有更多的儿童读物。

（2）联系原著，我们可以看出鲁迅有着怎样的儿童观和教育观。

明确：包括对待儿童的态度、尊重儿童的天性、普及儿童读物等。

第二十一讲　行　者

——武松和悟空对比阅读

选文一：

（《西游记》第一回）祖师笑道："你身躯虽是鄙陋，却像个食松果的猢狲。我与你就身上取个姓氏，意思教你姓'猢'。'猢'字去了个兽傍，乃是个古月。古者，老也；月者，阴也。老阴不能化育，教你姓'狲'倒好。'狲'字去了兽傍，乃是个子系。子者，儿男也；系者，婴细也。正合婴儿之本论。教你姓'孙'罢。"猴王听说，满心欢喜，朝上叩头道："好！好！好！今日方知姓也。万望师父慈悲！既然有姓，再乞赐个名字，却好呼唤。"祖师道："我门中有十二个字，分派起名，到你乃第十辈之小徒矣。"猴王道："那十二个字？"祖师道："乃广、大、智、慧、真、如、性、海、颖、悟、圆、觉十二字。排到你，正当'悟'字。与你起个法名叫作'孙悟空'，好么？"猴王笑道："好！好！好！自今就叫作孙悟空也！"

（《西游记》第十四回）"徒弟啊，你姓甚么？"猴王道："我姓孙。"三藏道："我与你起个法名，却好呼唤。"猴王道："不劳师父盛意，我原有个法名，叫作孙悟空。"三藏欢喜道："也正合我们的宗派。你这个模样，就像那小头陀一般，我再与你起个混名，称为行者，好么？"悟空道："好！好！好！"自此时又称为孙行者。

那伯钦见孙行者一心收拾要行，却转身对三藏唱个喏道："长老，你幸此间收得个好徒，甚喜，甚喜！此人果然去得。我却告回。"三藏躬身作礼相谢道："多有拖步，感激不胜。回府多多致意令堂老夫人，令荆夫人，贫僧在府多扰，容回时踵谢。"伯钦回礼，遂此两下分别。

选文二：

（《水浒传》第三十一回）孙二娘道："二年前，有个头陀打从这里过，吃我放翻了，把来做了几日馒头馅。却留得他一个铁戒箍，一身衣服，一领皂布直裰，一条杂色短穗绦，一本度牒，一串一百单八颗人顶骨数珠，一个沙鱼皮鞘子插着两把雪花镔铁打成的戒刀。这刀如常半夜里鸣啸的响。叔叔既要逃难，只除非把头发剪了，做个行者，须遮得额上金印，又且得这本度牒做护身符，年甲貌相又和叔叔相等，却不是前缘前世。阿叔便应了他的名字，前路去谁敢来盘问。这件事好么？"张青拍手道："二嫂说得是，我倒忘了这一着。"正是：

缉捕急如星火，颠危好似风波。若要免除灾祸，且须做个头陀。

……

武松辞了出门，插起双袖，摇摆着便行。张青夫妻看了，喝采道："果然好个行者！"

◎ **设题**

（1）请叙述孙悟空为行者以及其他名称的由来。

明确：行者——唐僧给孙悟空起的诨名。"你这个模样，就像那小头陀一般，我再与你起个混名，称为行者。"

孙悟空——花果山上一块仙石所生，天地生成，无父母，无名无姓，拜到菩提祖师处，得名孙悟空。

美猴王——孙悟空刚出生时，带领群猴进入水帘洞后成为众猴之王，因此自称美猴王。

弼马温——神通初成的孙悟空先大闹龙宫取得如意金箍棒，又大闹地府勾去生死簿，后被天界招安，封为弼马温。

齐天大圣——孙悟空在第一次天庭招安后，因自感受骗反下天庭，回到花果山中，自封齐天大圣，后天庭被迫承认该封号。

斗战胜佛——孙悟空保护唐僧西天取经，一路降妖除魔，不畏艰难困苦，历经九九八十一难，最后取得真经修成正果，被封为斗战胜佛。

（2）简要叙述武松绰号的来历。

明确：景阳冈打虎，怒杀害死兄长武大郎的奸夫西门庆与嫂子潘金莲，又醉打蒋门神，大闹飞云浦，血溅鸳鸯楼，将加害自己的贼人全部除掉，并大书："杀人者，打虎武松也。"何其光明磊落的好汉行为，后来为躲避官府投奔孟州道十字坡至交菜园子张青、母夜叉孙二娘开的黑店。因为张青、孙二娘二人长期做人肉包子，前几日宰了一个路过的头陀，于是把衣衫、戒刀等物交与武松打扮，这样武松变成了行者武松。

（3）孙悟空和武松都被称为"行者"，他们有何共同点？

明确：①打虎。说起打虎，武松打死老虎为民除害，被称为英雄。孙悟空也曾打老虎救唐僧，在取经过程中也打虎精。这也是作者借英雄之手，打为害人间的"大老虎"，其中蕴含了文学的智慧。

②疾恶如仇。面对西门庆与潘金莲因奸情败露而毒死武大郎的深仇大恨，在官府不作为的情况下，武松忍无可忍、手刃仇人，后来在充军期间，又醉打恶霸蒋门神。面对黑恶势力，武松确是条敢作敢为的汉子。而孙行者面对恶势力也敢于挑战，斗杀混世魔王，大闹森罗殿。听说玉帝看不起自己，于是他又大闹天宫。后来在取经途中，孙悟空面对欺负百姓的人也是毫不手软。

③归入佛门。武松杀人后为避祸做了个假头陀，但在梁山被招安后，最终还是皈依了佛门。孙悟空大闹天宫，被如来压在五行山下，后来得到观音点化入了佛门，保护唐僧西天取经，修成正果。

第二十二讲 《西游记》和《水浒传》中关于大相国寺的故事

选文一：

（《西游记》第十回）太宗问曰："此人是谁？"判官道："他是河南开封府人氏，姓相名良。他有十三库金银在此。陛下若借用过他的，到阳间还他便了。"太宗甚喜，情愿出名借用。

选文二：

（《西游记》第十一回）尉迟公道："我也访得你是个穷汉，只是你斋僧布施，尽其所用，就买办金银纸锭，烧记阴司，阴司里有你积下的钱钞。是我太宗皇帝死去三日，还魂复生，曾在那阴司里借了你一库金银，今此照数送还与你。你可一一收下，等我好去回旨。"那相良两口儿只是朝天礼拜，那里敢受，道："小的若受了这些金银，就死得快了。虽然是烧纸记库，此乃冥冥之事；况万岁爷爷那世里借了金银，有何凭据？我决不敢受。"尉迟公道："陛下说，借你的东西，有崔判官作保可证，你收下罢。"相良道："就死也是不敢受的。"

尉迟公见他苦苦推辞，只得具本差人启奏。太宗见了本，知相良不受金银，道："此诚为善良长者！"即传旨教胡敬德将金银与他修理寺院，起盖生祠，请僧作善，就当还他一般。旨意到日，敬德望阙谢恩宣旨，众皆知之。遂将金银买到城里军民无碍的地基一段，周围有五十亩宽阔，在上兴工，起盖寺院，名"敕建相国寺"。左有相公相婆的生祠，镌碑刻石，上写着"尉迟公监造"，即今大相国寺是也。

选文三：

（《水浒传》第六回）只说智深自往东京，在路又行了八九日，早望见东京。入得城来，但见：千门万户，纷纷朱翠交辉；三市六街，济济衣冠聚集。凤阁列九重金玉，龙楼显一派玻璃。……花街柳陌，众多娇艳名姬；楚馆秦楼，无限风流歌妓。豪门富户呼卢会，公子王孙买笑来。……智深看见东京热闹，市井喧哗，来到城中，陪个小心，问人道："大相国寺在何处？"街坊人答道："前面州桥便是。"智深提了禅杖便走，早来到寺前。入得山门看时，端的好一座大刹。

链接：大相国寺位于开封市中心，是中国著名的佛教寺院，始建于北齐天保六年（555年）。原名建国寺，唐代延和元年（712年），唐睿宗因纪念其由相王登上皇位，赐名大相国寺。

◎ 解读

《西游记》和《水浒传》中都有对开封大相国寺的描写，前者与之交集的是唐太宗，后者是鲁智深。今天的大相国寺内还有鲁智深倒拔垂杨柳的雕塑，许多游客都会在这个个性鲜明的人物像前拍照，似乎鲁智深是大相国寺的第一符号。我想这就是文化的魅力。

《西游记》第九回至第十一回写了唐太宗魂游地府的故事。故事中，唐太宗在阴间幸遇在阳间曾任小官、现任阴间判官的崔珏，崔判官悄悄为唐太宗加20年阳寿。在送唐太宗回阳间途经奈何桥时，遇见六十四处烟尘、七十二处草寇的鬼魂及唐太宗兄弟、玄武门之变的冤鬼李建成和李元吉。在崔判官的斡旋下，借相良存在阴间的一库金银，打发了冤魂，唐太宗得以脱身。还阳后，唐太宗在开封找到了相良，但相良不相信自己在阴间积存这么多金钱，坚持不受唐太宗还金。唐太宗无奈，便以相良名义，用这笔金钱在开封建了一座寺院，就是大相国寺。唐僧西天取经的故事，也从此开始。

这段故事与《西游记》本身关系不大，大相国寺的来历在故事中更是显得有些牵强。考虑到《西游记》最早的版本《新刻出像官板大字西游记》来源开封的周王府，侧面反映了大相国寺的兴盛和影响。大相国寺每月有五次庙会，寺内商贾多达万人，还有杂技、戏剧表演，说书、卖艺等众多民间艺术活动。当时人们用"金碧辉映，云霞失容"形容大相国寺。尤其元宵节，大相国寺更是热闹非凡，大殿前设乐棚，供皇家乐队演奏。月上东山，多彩绚烂的灯展使大相国寺彻夜灯火辉煌，远远望去，宛如仙境，人们通宵达旦观灯。寺内夏日可纳凉，冬季可赏雪。正是因为如此背景，所以《水浒传》中鲁智深照看菜园才有那么多偷菜泼皮，以及林冲陪妻子逛街偶遇鲁智深的情节。

鲁智深原名鲁达，是经略的提辖，因为见郑屠欺侮金翠莲父女，三拳打死了镇关西。被官府追捕，逃到五台山削发为僧，改名鲁智深。鲁智深忍受不住佛门清规，醉打山门，毁坏金身，被长老派往东京相国寺。他从五台山出来后，就到东京大相国寺管理菜园，这样就有了经典的一幕。

鲁智深到东京大相国寺看守菜园子。菜园子附近住着二三十个泼皮，他们常来菜园子偷菜，换了几个看园子的人都管不了他们。他们这次听说又换了个新人，便来闹事。没想到被鲁智深把两个领头的踢到粪坑里，吓得他们跪地求饶。第二天，泼皮们买些酒菜向鲁智深赔礼。大家正吃得高兴，听到门外大树上的乌鸦叫个不停，泼皮们说这叫声不吉利，吵得人心烦，便欲搬梯子拆掉鸟巢。鲁智深上前把那棵树上下打量了一下说："不用了，待我把树拔掉。"说完，只见他脱掉外衣，用左手向下搂住树干，右手把住树的上半截，腰往上一挺，那棵树竟然被连根拔起。众泼皮惊得个个目瞪口呆，忙跪在地上拜鲁智深为师。这一幕被陪同夫人到岳庙进香的林冲看到，两人结拜为兄弟，这故事就发展起来了。（林冲误入白虎堂后，被刺配沧州道，鲁智深一路护送，才有了大闹野猪林救下林冲）

第二十三讲　爱需要表达

——读《傅雷家书》的几封忏悔信

选文一：一九五四年一月十八日晚—十九日晚

人生做错了一件事，良心就永久不得安宁！真的，巴尔扎克说得好：有些罪过只能补赎，不能洗刷！

……

自问一生对朋友对社会没有做什么对不起的事，就是在家里，对你和你妈妈做了不少有亏良心的事，这些都是近一年中常常想到的，不过这几天特别在脑海中盘旋不去，像噩梦一般。可怜过了四十五岁，父性才真正觉醒！

跟着你痛苦的童年一起过去的，是我不懂做爸爸的艺术的壮年。幸亏你得天独厚，任凭如何打击都摧毁不了你，因而减少了我一部分罪过。可是结果是一回事，当年的事实又是一回事：尽管我埋葬了自己的过去，却始终埋葬不了自己的错误。孩子，孩子，孩子，我要怎样的拥抱你才能表示我的悔恨与热爱呢！

选文二：一九五四年一月三十日晚

我高兴的是我又多了一个朋友；儿子变了朋友，世界上有什么事可以和这种幸福相比的！尽管将来你我之间离多别少，但我精神上至少是温暖的，不孤独的。

……

孩子，我从你身上得到的教训，恐怕不比你从我得到的少。尤其是近三年来，你不知使我对人生多增了几许深刻的体验，我从与你相处的过程中学到了忍耐，学到了说话的技巧，学到了把感情升华！

选文三：一九五四年二月二日（除夕）

今天是除夕了，想到你在远方用功，努力，我心里说不尽的欢喜。别了，孩子，我在心中拥抱你！

选文四：一九五五年三月二十一日上午

我做父亲的一向低估了你，你把我的错误用你的才具与苦功给点破了，我真高兴，我真骄傲，能够有这么一个儿子把我错误的估计全部推翻！妈妈是对的，母性的伟大不在于理智，而在于那种直觉的感情；多少年来，她嘴上不说，心里是一向认为我低估你的能力的；如今她统统向我说明了。我承认自己的错误，但是用多么愉快的心情承认错误：这也算是一个奇迹吧？

选文五：一九五五年四月一日晚—四月三日

其次，转往苏联学习一节，你从来没和我们谈过。你去波以后我给你二十九封信，信中表现我的态度难道还使你不敢相信，什么事都可以和我细谈、细商吗？你对我一字不提，而托马先生直接向中央提出，老实说，我是很有自卑感的，因为这反映你对我还是不放心。大概我对你从小的不得当、不合理的教育，后果还没有完全消灭。你比赛以后一直没信来，大概心里又有什么疙瘩吧！马先生回来，你也没托带什么信，因此我精神上的确非常难过，觉得自己功不补过。

链接材料：

1. 傅雷的童年

傅雷早年丧父，母亲一人把他养大。傅雷小时候贪玩不爱读书，母亲就拿绳子把傅雷绑在桌腿上，对着父亲的灵牌，要他认罪悔过。在那个年代，年幼的傅雷被吓得不行。

傅雷温习功课开小差，母亲就在铜钱的方孔中塞上蜡烛头，点燃之后，贴在傅雷的肚脐眼儿上，一滴一滴的蜡烛油烫得傅雷哇哇叫，大喊"救命"。邻居曹家女主人听到跑过来，目瞪口呆："鹏少奶奶（傅雷的父亲叫傅鹏），你怎么能对孩子下手这么狠啊，你想整死他吗？"母亲确实试过要把傅雷扔到河里，甚至还试过在家里上吊，以死相逼，都是希望傅雷能够"用功上进，好好读书"。

2. 傅聪的童年

傅聪在楼下练琴时，傅雷在楼上监督。一走调，傅雷就会大骂，甚至抓着傅聪的头往墙上撞。5岁时，傅聪在客厅写字，父亲在吃花生，不知何事就火了，"顺手抡过来蚊香盘，击中鼻梁，顿时血流如注"。傅聪对杨绛诉说："爸爸打我真痛啊！"

打个耳光不算什么，傅雷还把傅聪绑在自己家门口，让邻居们都看到，以此警告傅聪：不听爸爸的话，后果很严重。

傅雷很在意做父亲的权威感，两父子经常因为"乐"见不和而大吵。贝多芬的小提琴奏鸣曲哪一首最重要？傅雷说是第九首《"克勒策"奏鸣曲》，17岁的傅聪说是《第十小提琴奏鸣曲》。傅雷勃然大怒，大骂傅聪"太狂妄""才看过多少书！"傅聪转头就离家出走，跑去父亲好朋友毛楚恩家住了一个多月。

3. 名家眼中的傅雷

（1）楼适夷（《傅雷家书》"代序"作者）

傅雷有点"残酷"，孩子们在他面前都小心翼翼、大气不敢出，只有等他出门了，才敢大声笑闹：他规定孩子应该怎样说话，怎样行动，做什么，吃什么，不能有所逾越。比方每天同桌进餐，他就注意孩子坐得是否端正，手肘靠在桌边的姿势，是否妨碍了同席的人，饭菜咀嚼是否发出丧失礼貌的咀嚼声。因为傅聪不爱吃青菜，专拣肉食，又不听父亲的警告，就罚他只吃白饭，不许吃菜。

傅聪学习语文，傅雷却只准他使用铅笔、蘸水钢笔和毛笔，不许使用当时流行的自来水金笔。楼适夷不知道傅雷家有这样的禁忌，私下送给傅聪一支儿童金笔，傅雷发现后立即没收了，说小孩子怎么能用那样的好笔，"害得孩子伤心地哭了一场"。楼适夷事后才知道这场风波，"心里觉得非常抱歉，对傅雷那样管束孩子的方法，却是很不以为然的"。

（2）杨绛（《忆傅雷》作者）

傅雷的严肃确是严肃到十分，表现了一个地道的傅雷。他自己可以笑，他的笑脸只许朋友看。在他的孩子面前，他是个不折不扣的严父。阿聪、阿敏那时候还是一对小顽童，只想赖在客厅里听大人说话。大人说的话，也许孩子不宜听，因为他们的理解不同。傅雷严格禁止他们旁听。有一次，客厅里谈得热闹，阵阵笑声，傅雷自己也正笑得高兴。忽然他灵机一动，蹑足走到通往楼梯的门旁，把门一开。只见门后哥哥弟弟背着脸并坐在门槛后面的台阶上，正缩着脖子笑呢。傅雷一声呵斥，两孩子在登登咚咚一阵凌乱的脚步声里逃跑上楼。梅馥忙也赶了上去。在傅雷前，她是抢先去责骂儿子；在儿子前，她却是挡了爸爸的盛怒，自己温言告诫。等他们俩回来，客厅里渐渐回复了当初的气氛。但过了一会，在笑声中，傅雷又突然过去开那扇门，阿聪、阿敏依然鬼头鬼脑并坐原处偷听。这回傅雷可冒火了，梅馥也起不了中和作用。只听得傅雷厉声呵喝，夹杂着梅馥的调解和责怪；一个孩子想是哭了，另一个还想为自己辩白。我们谁也不敢劝一声，只装作不闻不知，坐着扯谈。傅雷回客厅来，脸都气青了。梅馥抱歉地为客人换上热茶，大家又坐了一回辞出，不免叹口气："唉，傅雷就是这样！"

◎ **思考**

（1）奥地利精神病学家阿尔弗雷德·阿德勒（Alfred Adler）说，幸运的人用童年治愈一生，不幸的人用一生治愈童年。傅雷说，凡是童年不快乐的人都特别脆弱，谈谈国家颁布"双减"令的重大战略意义。

（2）傅雷说，可怜过了四十五岁，父性才真正觉醒。巴尔扎克说，有些罪过只能补赎，不能洗刷。联系原著，谈谈傅雷是怎样补赎的。

◎ **解读**

傅雷通过家书诉说了对儿子的悔意和热爱，这是一个严父用语言和行动做得最诚挚的补赎。傅雷写给儿子的125封家书有好几种作用。

"第一，我的确把你当作一个讨论艺术、讨论音乐的对手；第二，极想激出你一些青年人的感想，让我做父亲的得些新鲜养料，同时也可以间接传布给别的青年；第三，借通信训练你的——不但是文笔，而尤其是你的思想；第四，我想时时刻刻，随处给你做个警钟，做面'忠实的镜子'，不论在做人方面，（还是）在生活细节方面，在艺术修养方面，在演奏姿态方面"。傅雷通过家书鼓励傅聪做一个"德才俱备、人格卓越的艺术家"。

爱子之情本是人之常情，傅雷对傅聪的爱却不是那种普通的温情脉脉，而是始终把道德与艺术放在第一位，把舐犊之情放在第二位。正如他对傅聪童年严格的管教，虽然不为常人所认同，但确乎出自他对儿子更为深沉的爱。该书由于是父亲写给儿子的家书，是写在纸上的家常话，因此如山间潺潺清泉、碧空中舒卷的白云，感情纯真、质朴，令人动容。

《傅雷家书》凝聚着傅雷对祖国、对儿子深厚的爱。信中首先强调的是一个年轻人如何做人、如何对待生活的问题。傅雷用自己的经历现身说法，以及自身的人生经验教导儿子待人要谦虚，做事要严谨，礼仪要得体；遇困境不气馁，获大奖不骄傲；要有国家和民族的荣辱感，要有艺术、人格的尊严，做一个"德才俱备、人格卓越的艺术家"。同时，对儿子的生活，傅雷也进行了有益的引导，对日常生活中如何劳逸结合、正确理财，以及如何正确处理恋爱、婚姻等问题，都像良师益友一样提出意见和建议，拳拳爱子之心，溢于言表。

傅雷在艺术方面也有很深的造诣，因此这些家书还以相当多的篇幅谈美术，谈音乐作品，谈表现技巧、艺术修养等。不管是傅聪去波兰留学、获得国际大奖，还是后来赴世界各地演出，傅雷始终关注着儿子在音乐艺术道路上的成长，不时给予指点，还不时给他邮寄中国古典文学名著和有关绘画、雕塑等艺术理论方面的书籍，鼓励他多从诗歌、戏剧、美术等艺术门类中汲取营养，提高自身的艺术修养。

第二十四讲　立德修身，处处显父爱之伟大

——读《傅雷家书》

苏志承（郁南县连滩中学　广东省陈冰清名师工作室成员）

《傅雷家书》体现了傅雷一生积累下来的家庭教育的观念、做人做事的方式方法，是一部苦心孤诣的教子书。傅雷把做人的教育寓于立身行事、待人接物的家庭生活之中，生活小事都严格要求，抓住孩子思维具体形象的特点，把做人的教育贯穿在孩子能接触的、易于理解的日常生活之中，逐步提高孩子辨别是非的能力，加深孩子道德情感的体验，培养孩子良好的行为习惯。书中表现出来的爱，从某种意义上来说，是父性的苛刻，是隐藏在骨子里的爱，是聪明的爱，是理性的爱，是恒久的爱，也是无奈的和卑怯的爱。以下是我个人阅读中的点滴感受。

一、离别之苦

书信的第1、2篇中情真意切写出站台送别时的情景。站台惜别时家人的描写，有傅敏的抽咽、馥梅妈妈的哭、"我"的浑身上下都不舒服，都自然流露着难舍之情。他将送孩子远行、留学国外说成"虐待"傅聪，说成"罪过"，且永远"补赎"不了。

信中，傅雷重温傅聪的童年种种，意图减少对孩子分离后的思念之苦，

反思自己对孩子的关心、关怀不够，"一整天的精神还未恢复"，发自内心的难以割舍的情感，在离别后深表自己的悔恨与惋惜。信中引用巴尔扎克的句子"有些罪过只能补赎，不能洗刷"表明，傅雷已经认识到之前极严地管教傅聪，给孩子带来无法弥补的伤害，信中写着发自内心的自责，同时使用了类比的手法，以园丁舍不得把自己灌溉的花送出去来表达自己作为父亲也舍不得把孩子送到国外去学习的情形，再用反问的手法加强这种不舍的语气，把作为父亲的难舍难分之情，渲染得更加强烈、富有感染力。

二、细致、烦琐、耐心的教育

傅雷的教育信条："先为人，次为艺术家，再为音乐家，终为钢琴家。"信中有很多内容都是教育傅聪端正思想、怎样学习、怎样处理细节等。

信中说道，傅聪脱大衣、围丝巾、手常插口袋或裤袋等日常生活细节，是不合西洋礼仪的，再有对吃饭的动作、刀叉的拿法、出台行礼或谢幕神志表情的拿捏都作出指引，可见傅雷对西方礼仪也是有相当的了解的，熟在胸中，然后给傅聪正确的指引，连用了"切记切记"来叮嘱，用"教养"规范其行为，用"一辈子都有好处"来劝勉儿子。书信中并没有命令式的口吻，而是充满一个慈父的嘱托，总担心儿子的行为有不尽之处。信中傅雷对儿子的礼节、仪态方面烦琐的要求，更好地诠释了"细节决定成败"这句话的内涵。

信中有两篇关于教傅聪学俄语的内容，有一篇这样说，"别太快，不可贪多务得"，第二篇也有这样的一句话"不可贪多务得"，傅雷将自己学法文的经历，亲切地讲述给儿子。26年前的事情，傅雷依然记忆犹新，把这些学习方法讲给傅聪，通过方法的指引，给傅聪一个学习借鉴，信中说不要"突击式"，要抓要点，不可贪多务得，否则会影响钢琴业务。

傅雷苛刻地要求傅聪把细节做到极致，从小严格监督，意在让儿子所有事情都做得完满。信中说道"我在留学时代是极注意的"，这样的父亲作出自己的正确的示范引领，给傅聪形成一个榜样。另一篇的内容上这样写"你看看我给你的信封上的字就可以知道怎样才合适"。作为父亲，傅雷亲切地指出儿子在信封上写出的错字，同时对信封的写法也是严格要求。信中傅雷以身作则，以自己的书信作为榜样，让儿子参考信封的写法，处处可见其对儿子的各种担忧，细微之处也要求儿子做到极致，舐犊之情从字里行间深深地显露出来。傅雷所做的一切、所写的一切、所想的一切，都围绕着培养傅聪成为一个"德才俱备、人格卓越的艺术家"。

三、肯定成功，不缺赞美之词

有一封信中说到儿子的成功和进步，让傅雷夫妇"大为高兴""喜悦的无可形容""是人间最美满的幸福""最隽永最迷人的诗歌"。对于儿子的进步或成功，傅雷从不吝啬自己的赞美之词，直接表达内心的高兴、欣喜、欢欣，这是对儿子最好的鼓励、最有价值的肯定，是儿子求学路上最有动力的赞扬。

四、不为金钱折腰的艺术家骨气

信中有一篇写了傅雷建议儿子对各项消费做到量入为出，合理安排，能省则省，合理计算，善于调度。作为慈父、严父，也作为朋友，傅雷以平和的口吻告诉傅聪，这也是人生中最重要的一门课程，也是傅雷夫妇的忧虑。信中，傅雷作出了详尽的规划，教儿子如何处理，希望儿子能明白父母的一片苦心。这些发自内心的情感，是始终记挂在心头的大石，是苦心孤诣的教子书。

另一封信中写道，傅聪来香港演出，傅雷信中回复。一是提醒儿子小心应对不良听众的反应，防止影响演出；二是提醒儿子不要成为经理们赚钱的工具，不要参加一些"路过的附带演出"，不要变得金钱至上、变得庸俗，否则会失去艺术家的骨气，以致亵渎钢琴表演，影响艺术家的形象。

五、委婉劝勉，处理家庭事务

有一封信中，傅雷谈到对儿媳弥拉进行教导，引导弥拉走上正直、坦白、真、善、美的道路，希望儿子傅聪有计划、系统地让儿媳弥拉正规地读书，培养她的意志，使她成为家庭生活中的好助手，指出她一些如"幻想""孩子气"等不良问题，委婉地要儿子"从旁提醒""尽督促之责"，对儿子、儿媳感情处理得"非常细致"。这些都体现了傅雷对儿子傅聪感情生活上的不放心，给傅聪作出明确的方向指引，以平和委婉的语气，讲述夫妻日常生活中的细小的事情、人生的追求等，让儿子乐于接受，并能使儿媳弥拉做出改变，以适应一个艺术家的妻子的工作，达到傅雷眼中作为一个中国人的儿媳妇的标准。

另一封信中写道，傅雷担心儿子傅聪的艺术家思想和情绪会影响到家庭生活，他告诫儿子要学会控制心绪，负起"三口之家的责任"，学会"克制""冷静""宽恕""存在风雨同舟的思想"。在傅雷的眼中，在父亲的眼中，儿子虽然成家，但是父亲还是放心不下儿子，正可谓"在父母眼中，自己孩子是永远长不大的"。傅雷对傅聪在生活上、思想上、行为上作出指引，指出了详细具体的做法。这就是我们常说的，不仅做到了"晓之以理"，更是做到了"动之以情"，以希望在千里之外的儿子能一家和睦，有一个"相忍相让"的良好局面。傅雷，他尽了一个父亲的责任，也尽了一个艺术家老前辈的责任。

当然，《傅雷家书》中感人至深的还远不止这些，还有傅雷对中国传统学说的研究，与傅聪探讨钢琴演奏艺术、赤诚的爱国主义精神、绝命遗书等。这些都是书信中的重要内容，在这里不展开讨论。

第二十五讲 《傅雷家书》文段比较阅读

苏志承（郁南县连滩中学 广东省陈冰清名师工作室成员）

选文一：一九五四年八月七日

第一件我要郑重嘱咐你的事，就是你千万不要下海游泳。除非有正式的职业的游泳教师教，自己不能跟着青年朋友去。这一点是我们最放心不下的。海边不比内河，潮水涨落，非可逆料，而且来势的迅速出人意外，我会游泳的也有戒心，何况你！为了免得我们提心吊胆，此事切切牢记！

选文二：一九五四年三月二十四日上午

关于某某的事，你早已跟我表明态度，相信你一定会实际做到。你年事尚少，出国在即；眼光、嗜好、趣味，都还要经过许多变化；即使一切条件都极美满，也不能担保你最近三四年中，双方的观点不会改变，从而也没法保证双方的感情不变。最好能让时间来考验。我二十岁出国，出国前后和你妈妈已经订婚，但出国四年中间，对她的看法三番四次的改变，动摇得很厉害。这个实在的例子很可以作你的参考，使你做事可以比我谨慎，少些痛苦——尤其为了你的学习，你的艺术前途！

◎ **问题设计**

结合两篇选文，谈谈傅雷在教育劝说技艺上的不同特点。

明确： 甲文说到的"郑重嘱咐""千万不要""最放心不下""提心吊胆"等词语显示出傅雷对儿子傅聪的记挂、叮咛，万分不放心，对于一个缺少自己监管又长期漂泊在外国的儿子，傅雷有着又害怕又不放心的沉重心理负担。劝说以命令口吻为主，加以为人父母的关心关怀，让人有不可违背之感；同时具有前瞻性，安全意识强大；有父亲的严格，也有母亲的慈爱。

乙文中说到关于某某的事情（其实是情感），信中说了傅雷自己出国前后与傅聪妈妈朱馥梅订婚的经历，详细说出自己当年的想法，目的是给儿子在感情问题上以参考，让儿子坚持对艺术的信仰，不要被感情所伤。劝说以摆事实、明事理的形式，让傅聪明确钢琴学业与儿女感情孰轻孰重，不要因感情问题而影响学业，甚至荒废学业。

选文三：一九六五年五月二十一日深夜

别以为许多事跟我们说不清，以为我们国内不会了解外面的情形；我们到底是旧社会出身，只要略微提几句，就会明白。例如你电话中说到"所得税"，我马上懂得有些精明的人想法逃税，而你非但不会做，也不愿意做。

选文四：一九六四年四月十二日

前天偶尔想起，你们要是生女孩子的话，外文名字不妨叫Gracia（葛拉齐亚，《约翰·克利斯朵夫》中的人物），此字来历想你一定记得。意大利字读音好听，grace（雅致）一字的意义也可爱。弥拉不喜欢名字太普通，大概可以合乎她的条件。阴历今年是甲辰，辰年出生的人肖龙，龙从云，风从虎，我们提议女孩子叫"凌云"（Lin Yunn），男孩子叫"凌霄"（Lin Sio）。你看如何？男孩的外文名没有inspiration（灵感），或者你们决定，或者我想到了以后再告。这些我都另外去信讲给弥拉听了。〔凌云=to tower over the clouds，凌霄=to tower over the sky，我和Mira（弥拉）就是这样解释的〕

◎ **问题设计**

结合两篇选文，谈谈傅雷在信中教育思想上的不同特点。

明确：甲文中提到所得税问题，傅雷指出，"精明的"欧洲人想逃税，所以用尽方法来逃税。但他教育儿子不要这样做，也相信儿子不会这样做，也不愿意这样做。他盛赞儿子做人真诚、坦率，不受不良环境的影响，勉励儿子要保有艺术家的真风范，不成为金钱的奴隶。这是教育思想，是监督，是鞭策，是期望，是真诚的、不变的信念。

乙文中傅雷从中国的生肖意义上，在为孙儿或者孙女起名时候，提出自己的意见，说出了自己的一些想法。他希望自己的孙儿、孙女的名字要有中国文化气息在里面，但这些想法不是一定让儿子按这个名字来起，信中最后说让儿媳弥拉与傅聪自己决定，并非绝对地按傅雷的意愿执行。由此可见傅雷是以平等交流的思想与儿子、儿媳沟通，表现出一位和蔼可亲、亲切和善的智者形象。从某种程度上来说，其中也有一定的爱国情感蕴含在里面。

选文五：一九六○年八月二十九日

对终身伴侣的要求，正如对人生一切的要求一样不能太苛。事情总有正反两面：追得你太迫切了，你觉得负担重；追得不紧了，又觉得不够热烈。温柔的人有时会显得懦弱，刚强了又近乎专制。幻想多了未免不切实际，能干的管家太太又觉得俗气。只有长处没有短处的人在哪儿呢？世界上究竟有没有十全十美的人或事物呢？抚躬自问，自己又完美到什么程度呢？这一类的问题想必你考虑过不止一次。我觉得最主要的还是本质的善良，天性的温厚，开阔的胸襟。有了这三样，其他都可以逐渐培养；而且有了这三样，将来即使遇到大大小小的风波也不致变成悲剧。做艺术家的妻子比做任何人的妻子都难；你要不预先明白这一点，即使你知道"责人太严，责己太宽"，也不容易学会明哲、体贴、容忍。只要能代你解决生活琐事，同时对你的事业感到兴趣就行，对学问的钻研等等暂时不必期望过奢，还得看你们婚后的生活如何。眼前双方先学习相互的尊重、谅解、宽容。

选文六：一九六五年五月二十一日深夜

凌霄快要咿咿哑哑学话了，我建议你先买一套中文录音（参看LTC—65号信，今年一月二十八日发），常常放给孩子听，让他习惯起来，同时对弥拉也有好处。将来恐怕还得另外请一个中文教师专门教孩子。——你看，不是孩子身上需要花钱的地方多得很吗？你的周游列国的生活多辛苦，总该量入为出；哪一方面多出来的，绝对少不了的开支，只能想办法在别的可以省的地方省下来。群众好恶无常，艺术家多少要受时髦或不时髦的影响，处处多想到远处，手头不要大宽才好。……

◎ **问题设计**

比较两篇选文，谈谈傅雷在教傅聪处理家事中的哪些事情。请用小标题概括。文中各表现出傅雷怎样的形象特点。

明确： 甲文内容是择偶标准。

信中傅雷给儿子做了有关择偶标准详尽的阐述，语重心长、娓娓道来，如"不可追求完美""能代你解决生活琐事""对你的事业感到兴趣"是主要，再有就是要考虑对方是否"本质的善良""天性的温厚"和"开阔的胸怀"三点；也向儿子传达了与心上人相处的时候要相互尊重、谅解、宽容的道理。这些话语让儿子明白"做艺术家的妻子比做任何人的妻子都难"。话语中既体现了傅雷夫妇对儿子感情生活的忧虑，也从正面给傅聪在爱情方面以正确的观点，指引儿子明确道路，不能走歪，不能有其他念头，以致影响到音乐之路。

乙文内容是建议孙儿学中文。

信中说道，孙儿凌霄咿呀学语，傅雷建议傅聪买中文录音，让孙儿学习中文，也建议"另外请一个中文教师专门教孩子"。从信中内容来看，傅雷没有自己买中文录音寄给孙儿，而是让傅聪在国外买，让傅聪尽父亲的责任，尽一个中国父亲的责任，让傅聪明白这些花在凌霄身上的钱是值得的。不仅如此，傅雷更时时刻刻提醒傅聪，不要忘记自己是中国人，不要忘记自己的母语汉语，更不能忘记自己的祖国，从中体现了傅雷对祖国无比忠诚、赤诚的爱国之心，他要把这爱国思想深深铭刻在漂泊外国的儿子心上，也希望这赤诚的爱国之心传递给孙儿。

第二十六讲　解读《水浒传》中的三个打虎英雄

一、武松打虎

（《水浒传》二十三回）那个大虫又饥又渴，把两只爪在地下略按一按，和身望上一扑，从半空里撺将下来。武松被那一惊，酒都做冷汗出了。说时迟，那时快，武松见大虫扑来，只一闪，闪在大虫背后。那大虫背后看人最难，便把前爪搭在地下，把腰胯一掀，掀将起来。武松只一躲，躲在一边。大虫见掀他不着，吼一声，却似半天里起个霹雳，振得那山冈也动，把这铁棒也似虎尾倒竖起来，只一剪。武松却又闪在一边。原来那大虫拿人，只是一扑，一掀，一剪，三般提不着时，气性先自没了一半。那大虫又剪不着，再吼了一声，一兜兜将回来。

武松见那大虫复翻身回来，双手抡起梢棒，尽平生气力，只一棒，从半空劈将下来。只听得一声响，簌簌地将那树连枝带叶劈脸打将下来。定睛看时，一棒劈不着大虫。原来慌了，正打在枯树上，把那条梢棒折做两截，只拿得一半在手里。

◎ 解读

为写打虎，作者先写武松如何在酒店里喝酒。武松不听店家劝告，连喝了十五碗。作者对这一过程描写得极为详细，武松三碗三碗地喝，酒家三碗三碗地筛。直到吃饱喝足了，才"绰了梢棒，立起身来道：'我却又不曾醉。'

走出门前来，笑道："却不说'三碗不过冈'！'手提梢棒便走"。直到这时，作者才借酒家之口，说出"前面景阳冈上，有只吊睛白额大虫"的事实来。谁知喝醉了酒的武松偏偏不肯相信，还出口伤人。"那酒店里主人摇着头，自进店去了。这武松提了梢棒，大着步子过景阳冈来"。

这一路上，作者又用树上的字以及庙门上贴着的印信榜文，一方面证实店家的话，另一方面渲染虎的厉害："杖限各乡里正并猎户人等，打捕未获。"这样也就为武松在景阳冈打虎以后遇到猎户，埋下了伏笔。而老虎一出场，就是"一阵狂风"，使武松这样的英雄也惊骇不已，这就突出了老虎的威风。对老虎抓人的动作，作者的描写极为细腻："那个大虫又饥又渴，把两只爪在地下略按一按，和身望上一扑，从半空里撺将下来。"这是老虎的第一招，"半空里"三字写出了老虎威风凛凛的气势和猛烈的动作。老虎的第二招是："把前爪搭在地下，把腰胯一掀，掀将起来。"武松又轻轻躲过了。"大虫见掀他不着，吼一声，却似半天里起个霹雳，振得那山冈也动，把这铁棒也似虎尾倒竖起来，只一剪。"这"一扑""一掀""一剪"，不仅写出了老虎"拿人"的方法，也表现了老虎的威猛异常。而面对这样的"敌人"，武松能够临危不惧，这才把武松的英雄气概充分表现出来。值得注意的是，作者没让武松带什么像样的武器，只一根短短的梢棒，还在树枝上打折了，只好赤手空拳地对付眼前这个吃过好多人的庞然大物，这是一场不折不扣的死斗。武松与"大虫"都使出了平生的力气，一心要杀死对方。正是在这样一种情景中，武松赢了，他才真正赢得非同寻常。

二、李逵杀虎

（《水浒传》第四十三回）李逵心里忖道："我从梁山泊归来，特为老娘来取他，千辛万苦背到这里，却把来与你吃了。那鸟大虫拖着这条人腿，不是我娘的是谁的？"心头火起，赤黄须竖立起来，将手中朴刀挺起，来搠那两个小虎。这小大虫被搠得慌，也张牙舞爪钻向前来，被李逵手起，先搠死了一个，那一个望洞里便钻了入去。李逵赶到洞里，也搠死了。李逵却钻入那大虫洞内，伏在里面张外面时，只见那母大虫张牙舞爪望窝里来。李逵道："正是你这业畜吃了我娘。"放下朴刀，胯边掣出腰刀。那母大虫到洞口，先把尾去窝里一剪，便把后半截身躯坐将入去。李逵在窝内看得仔细，把刀朝母大虫尾底下尽平生气力舍命一戳，正中那母大虫粪门。李逵使得力重，和那刀靶也直送入肚里去了。那母大虫吼了一声，就洞口带着刀，跳过涧边去了。李逵却拿了朴刀，就洞里赶将出来，那老虎负疼，直抢下山石岩下去了。李逵恰待要赶，只见就树边卷起一阵狂风，吹得败叶树木如雨一般打将下来。自古道："云生从龙，风生从虎。"那一阵风起处，星月光辉之下，大吼了一声，忽地跳出一只吊睛白额虎来。那大虫望李逵猛一扑。那李逵不慌不忙，趁着那大虫的势力，手起一刀，正中那大虫颔下。那大虫不曾再展再扑：一者护那疼痛，二者伤着它那气管。那大虫退不出五七步，只听得响一声，如倒半壁山，登时间死在岩下。

◎ 解读

李逵家境贫寒，对老母却十分孝顺，千里迢迢，来接老母，一路历尽艰险，不料老母竟被老虎所食，其悲伤暴怒之气可想而知。他先看到正吞吃自己母亲的两个小虎儿，不由"心头火起，赤黄须竖立起来，将手中朴刀挺起，来搠那两个小虎"。因为是两只幼虎，还不懂得那"一扑""一掀""一剪"的招数。李逵手中又有兵器，很快就结果了两只小虎的性命。杀第三只虎时，李逵其实是乘"母大虫"不备，从后部下手，把"刀靶也直送入肚里去了"。母大虫大吼一声，跳涧而死。第四只虎虽然凶猛，"那李逵不慌不忙，趁着那大虫的势力，手起一刀，正中那大虫颔下。那大虫不曾再展再扑，一者护那疼痛，二者伤着它那气管。那大虫退不出五七步，只听得响一声，如倒半壁山，登时间死在岩下"。

从作者的描述来看，写武松打虎是虚实相间，竭力渲染，写李逵力杀四虎则只用实写，且颇显轻松。这是因为作者着意要用"武松打虎"这件事来渲染和表现武松的神威与勇力，而李逵打虎只是更为曲折的故事中的一段情节。尽管这个"插曲"也确实显示了李逵的勇力与神威，但李逵毕竟是手执两把兵器，和武松大不相同。严格地说，武松是"打"虎，是赤手空拳地去"打"，而李逵是"杀"虎。"打"比"杀"要难得多，所以"打"一虎就比"杀"四虎更为艰难，武松打虎的故事因而也就更为突出和著名。

三、解珍、解宝药虎

（《水浒传》第四十九回）且说登州山下有一家猎户，兄弟两个，哥哥唤做解珍，兄弟唤做解宝。弟兄两个都使浑铁点钢叉，有一身惊人的武艺，当州里的猎户们都让他第一。那解珍一个绰号唤做两头蛇，这解宝绰号叫作双尾蝎。二人父母俱亡，不曾婚娶。那哥哥七尺以上身材，紫棠色面皮，腰细膀阔……

那个兄弟解宝，更是利害，也有七尺以上身材，面圆身黑，两只腿上刺着两个飞天夜叉。有时性起，恨不得腾天倒地，拔树摇山……

那弟兄两个，当官受了甘限文书，回到家中，整顿窝弓、药箭、弩子、镋叉，穿了豹皮裤、虎皮套体，拿了铁叉，两个径奔登州山上，下了窝弓。去树上等了一日，不济事了，收拾窝弓下去。次日，又带了干粮，再上山伺候。看看天晚，弟兄两个再把窝弓下了，爬上树去，直等到五更，又没动静。两个移了窝弓，却来西山边下了。坐到天明，又等不着。两个心焦，说道："限三日内要纳大虫，迟时须用受责，却是怎地好！"

两个到第三日夜，伏至四更时分，不觉身体困倦，两个背厮靠着且睡。未曾合眼，忽听得窝弓发响。两个跳将起来，拿了钢叉，四下里看时，只见一个大虫中了药箭，在那地上滚。两个拈着钢叉向前来。那大虫见了人来，带着箭便走。两个追将向前去，不到半山里时，药力透来，那大虫当不住，吼了一声，骨渌渌滚将下山去了。解宝道："好了！我认得这山，是毛太公庄后园里，我和你下去他家取讨大虫。"

◎ 解读

解珍、解宝兄弟为登州猎户，以打猎为生。他们不像武松、李逵那样，出于不得已而与虎搏斗，而是奉命捕虎，所以他们预先做了周密的准备："整顿窝弓、药箭、弩子、镋叉，穿了豹皮裤、虎皮套体，拿了铁叉，两个径奔登州山上，下了窝弓。"坐到树上去等着看老虎来自寻死路。在这里，作者只是把打虎作为解珍、解宝与毛太公父子以及官府矛盾冲突的诱引，所以并未做丝毫渲染。解珍、解宝在打虎中只是作为一般的猎人出现的，到后来才成为和统治者起来斗争的英雄。

第二十七讲　解读《水浒传》中的太公们

一、史太公

（第二回）太公见说了，便道："我儿，可知输了？快来再拜师父。"那后生又拜了王进。正是：好为师患负虚名，心服应难以力争。只有胸中真本事，能令顽劣拜先生。太公道："教头在上，老汉祖居在这华阴县界，前面便是少华山。这村便唤做史家村，村中总有三四百家，都姓史。老汉的儿子从小不务农业，只爱刺枪使棒，母亲说他不得，怄气死了，老汉只得随他性子。不知使了多少钱财，投师父教他。又请高手匠人与他刺了这身花绣，肩臂胸膛总有九条龙，满县人口顺，都叫他做九纹龙史进。教头今日既到这里，一发成全了他亦好。老汉自当重重酬谢。"王进大喜道："太公放心，既然如此说时，小人一发教了令郎方去。"自当日为始，吃了酒食，留住王教头母子二人在庄上。史进每日求王教头点拨十八般武艺，一一从头指教。那十八般武艺？矛锤弓弩铳，鞭铜剑链挝。斧钺并戈戟，牌棒与枪杈。

◎ 解读

在王进的眼里，史太公的庄院是"一所大庄院，一周遭都是土墙，墙外却有二三百株大柳树。看那庄院，但见：前通官道，后靠溪冈。一周遭青缕如烟，四下里绿阴似染……转屋角牛羊满地，打麦场鹅鸭成群。田园广野，负佣庄客有千人；家眷轩昂，女使儿童难计数"。

史进之父史太公是水浒里第一个出场的太公、父亲形象。他持家有方，将家业打点得红红火火、有声有色；他古道热肠，对待路人王进母子，提供食宿、延医问药、住了五七日也丝毫不以为意；他宽正端方，晓得了王进的本事后，更加尊敬有加，却保持距离不卑不亢。

王进之所以愿意教授史进，纯粹因为史太公。在王进的点拨下，史进后来能擒拿陈达，能和鲁智深大闹瓦罐寺，能上战场，总之，能赢真好汉。史太公唯一的缺点是不怎么会教育儿子。但是史进能在江湖中扬名，能让鲁达这样的人也闻名，难道不是因为父亲的恩泽庇护？一把火烧了老家，走投无路的时候，想到还有师父王进可以投奔，难道不是因为父亲的积德行善？史进刚开始不愿意落草，为的是不愿意把父母遗体玷污了。父亲的教诲、老师的为人，似一颗种子，都在史进心中。一旦遇到人生的风雨，这些种子就会生根发芽。因此，在一群强盗之中，史进可以说有点二、有点莽撞，但他是有"心"的人、有人味儿的人。这些都和他幼年时候的生长环境离不开。

二、鲁智深之刘太公

（第五回）太公道："师父听说，我家时常斋僧布施，那争师父一个？只是我家今夜小女招夫，以此烦恼。"鲁智深呵呵大笑道："'男大须婚，女大必嫁'。这是人伦大事，五常之礼，何故烦恼？"太公道："师父不知，这头亲事不是情愿与的。"智深大笑道："太公，你也是个痴汉，既然不两相情愿，如何招赘做个女婿？"太公道："老汉止有这个小女，如今方得一十九岁，被此间有座山，唤做桃花山，近来山上有两个大王，扎了寨栅，聚集着五七百人，打家劫舍。此间青州官军捕盗，禁他不得，因来老汉庄上讨进奉，见了老汉女儿，撇下二十两金子、一匹红锦为定礼，选着今夜好日，晚间来入赘老汉庄上。又和他争执不得，只得与他，因此烦恼，非是争师父一个人。"智深听了道："原来如此。小僧有个道理，教他回心转意，不要娶你女儿如何？"太公道："他是个杀人不眨眼魔君，你如何能勾得他回心转意？"智深道："洒家在五台山智真长老处，学得说因缘，便是铁石人也劝得他转。今晚可教你女儿别处藏了，俺就你女儿房内说因缘劝他，便回心转意。"太公道："好却甚好，只是不要拔虎须。"智深道："洒家的不是性命！你只依着俺行。"太公道："却是好也！我家有福，得遇这个活佛下降。"庄客听得，都吃一惊。

◎ 解读

因为在桃花山附近的桃花村做庄主，人称桃花庄刘太公。桃花山山大王——小霸王周通想娶刘太公女儿，被刘太公拒绝。周通意欲强娶，迎娶当日，鲁智深路过刘太公庄子，要借宿，得知此事后，便答应刘太公设法令周通放弃。后来周通进入刘太公家中，被躲在销金帐中的鲁智深痛打，并被鲁智深说服，放弃了娶刘太公女儿的想法。

鲁智深本名鲁达，原是渭州经略府提辖，因打抱不平三拳打死恶霸镇关西，为了躲避官府缉捕便出家做了和尚，法名智深。后又因搭救林冲，流落江湖，与杨志、武松一同在二龙山落草，三山聚义后加入梁山泊。其事迹如"拳打镇关西""大闹五台山""大闹桃花村""倒拔垂杨柳""大闹野猪林"等通过评书、戏曲等方式在民间广为流传。

鲁智深最突出的特点是他思想纯真，爱憎分明，富有正义感和同情心，乐于助人。中国古代非常赞赏扶危济困的人。但无论在历史上还是在文艺作品中，真正能够没有个人功利目的单纯扶危济困的极少，而鲁智深做到了。金圣叹曾点评鲁智深：《水浒传》中的"上上人物"。

三、李逵之狄太公、刘太公

选文一：

（第七十三回）李逵笑道："眼见这两个不得活了。"插起大斧，提着人头，大叫出厅前来："两个鬼我都捉了。"撇下人头，满庄里人都吃一惊，都来看时，认得这个是太公的女儿，那个人头无人认得。数内一个庄客相了一回，认出道："有些像东村头会粘雀儿的王小二。"李逵道："这个庄客倒眼乖！"太公道："师父怎生得知？"李逵道："你女儿躲在床底下，被我揪出来问时，说道：'他是奸夫王小二，吃的饮食，都是他运来。'问了备细，方才下手。"太公哭道："师父，留得我女儿也罢。"李逵骂道："打脊老牛，女儿偷了汉子，兀自要留他！你恁地哭时，倒要赖我不谢。我明日却和你说话。"燕青寻了个房，和李逵自去歇息。

太公却引人点着灯烛，入房里去看时，照见两个没头尸首，剁做十来段，丢在地下。太公、太婆烦恼啼哭，便叫人扛出后面去烧化了。

选文二：

太公听了，只得出来答道："我家有个女儿，年方一十八岁，被人强夺了去，以此烦恼。"……李逵道："又来作怪！夺你女儿的是谁？"太公道："我与你说他姓名，惊得你屁滚尿流！他是梁山泊头领宋江，有一百单八个好汉，不算小军。"李逵道："我且问你：他是几个来？"太公道："两日前，他和一个小后生各骑着一匹马来。"李逵便叫燕青："小乙哥，你来听这老儿说的话，俺哥哥原来口是心非，不是好人了也。"燕青道："大哥莫要造次，定没这事！"李逵道："他在东京兀自去李师师家去，到这里怕不做出来！"李逵便对太公说道："你庄里有饭，讨些我们吃。我实对你说，我便是梁山泊黑旋风李逵，这个便是浪子燕青。既是宋江夺了你的女儿，我去讨来还你。"太公拜谢了。

……

燕青与李逵再到刘太公庄上，太公接见，问道："好汉，所事如何？"李逵道："如今我那宋江，他自来教你认他，你和太婆并庄客都仔细认他。若还是时，只管实说，不要怕他，我自替你做主。"只见庄客报道："有十数骑马来到庄上了。"李逵道："正是了。"

……

那汉道："小人胡猜，未知真实。离此间西北上约有十五里，有一座山，唤做牛头山，山上旧有一个道院。近来新被两个强人：一个姓王，名江，一个姓董，名海，这两个都是绿林中草贼，先把道士道童都杀了，随从只有五七个伴当，占住了道院，专一下来打劫。但到处只称是宋江，多敢是这两个抢了去。"

◎ 解读

李逵和燕青来到四柳庄狄太公家投宿，李逵打扮怪异，太公以为异人，请李逵捉鬼。李逵发现作祟的是狄太公的女儿和奸夫王小二，于是杀了他们。

是夜入刘太公庄上，半夜听到刘太公夫妻哭泣，一问，刘太公说他女儿被宋江抢去了。李逵大怒到忠义堂扯了杏黄旗，与宋江以头相赌。

宋江到刘太公庄上对证，发现有人冒充，李逵惭愧万分，燕青让李逵负荆请罪，宋江让李逵去找假宋江。李逵和燕青下山，夜宿古庙，发现强盗抢劫，得知牛头山有强盗且经常冒充梁山打劫，于是杀光了满山强贼，正好发现刘女，将她救下，回山告知宋江。宋江大喜，设宴与李逵、燕青作贺。

四、毛太公

（第四十九回）毛太公引了二人，入到庄后，叫庄客把钥匙来开门，百般开不开。毛太公道："这园多时不曾有人来开，敢是锁簧锈了，因此开不得，去取铁锤来打开了罢。"庄客便将铁锤来，敲开了锁，众人都入园里去看时，遍山边去看，寻不见。毛太公道："贤侄，你两个莫不错看了，认不仔细，敢不曾落在我园里？"解珍道："我两个怎地得错看了？是这里生长的人，如何不认得？"毛太公道："你自寻便了，有时自抬去。"解宝道："哥哥，你且来看，这里一带草，滚得平平地都倒了，又有血路在上头，如何说不在这里？必是伯伯家庄客抬过了。"毛太公道："你休这等说，我家庄上的人如何得知有大虫在园里？便又抬得过？你也须看见方才当面敲开锁来，和你两个一同入园里来寻。你如何这般说话！"解珍道："伯伯，你须还我这个大虫去解官。"毛太公道："你这两个好无道理！我好意请你吃酒饭，你颠倒赖我大虫。"解宝道："有甚么赖处！你家也现当里正，官府中也委了甘限文书，却没本事去捉，倒来就我现成，你倒将去请功，教我兄弟两个吃限棒！"毛太公道："你吃限棒，干我甚事！"解珍、解宝睁起眼来，便道："你敢教我搜一搜么？"毛太公道："我家比你家，各有内外。你看这两个教化头倒来无礼！"解宝抢近厅前，寻不见，心中火起，便在厅前打将起来；解珍也就厅前搬折栏杆，打将入去。毛太公叫道："解珍、解宝白昼抢劫！"那两个打碎了厅前椅桌，见庄上都有准备，两个便拔步出门，指着庄上骂道："你赖我大虫，和你官司里去理会。"

◎ 解读

毛太公是登州的一个地主，有势力，家大业大，家里养着几十个庄客。当他看到中了药箭的老虎掉进自家后院的时候，顿生贪念，步步为营，一定要凭借自家的势力占为己功：先是留吃饭，拖延时间——其实毛仲义早就带人在五更天把老虎送到州府去了，再是换生了锈的铁锁来混淆视听。解珍、解宝兄弟两个闹将起来，打碎了很多东西，见很多庄客围拢来，只得出门。

出门正遇到毛太公的儿子毛仲义，毛仲义带着一帮人刚从州府回来，那些马后跟着的都是公人。解珍、解宝对毛仲义说明原委，毛仲义说是他爹一时糊涂了，带着解珍、解宝到家里和他父亲说理去。金圣叹夹批道："宛然留吃早饭、铁锤打锁教法。"结果，一进门就让关门，毛仲义一声令下，那些做公的和二三十个庄客立刻就把解珍、解宝绑了，脱得赤条条的，抬到州府治罪。

毛太公女婿是州府里六案孔目，叫王正，但名字和人品往往反着的，王正其实最不正。王正先给知府说明情况，知府不由解珍、解宝解释，按住就打。兄弟两个吃不住拷打，只能屈打成招，被定罪为"混赖大虫，各执钢叉，因而抢掳财物"的罪名，上了两面二十五斤的重枷，下在大牢里。这还不算，毛太公与王正又勾结当牢节级包吉，让他在狱中害死解珍、解宝兄弟。

狱卒乐和与解珍、解宝兄弟有姻亲，暗中向两兄弟的表姐顾大嫂传信。顾大嫂闻信后与丈夫孙新商讨对策。孙新便纠合登云山好汉邹渊、邹润，要劫牢救人，并打算事成后投梁山入伙。孙新用计逼兄长孙立一同参与劫牢。顾大嫂以送饭为名混入牢中，与孙立里外夹攻，劫了死囚牢，将解珍、解宝兄弟救出。包吉正要逃跑时，被解宝用枷梢打死。邹渊、邹润则闯入州衙，杀死王正。解珍、解宝兄弟又与孙立等人杀到毛家庄，将毛太公满门灭绝，然后星夜投奔梁山。

第二十八讲　解读《水浒传》中的女汉子们

一、母大虫顾大嫂

（《水浒传》第四十九回）邹渊道："我那里虽有八九十人，只有二十来个心腹的。明日干了这件事，便是这里安身不得了。我却有个去处，我也有心要去多时，只不知你夫妇二人肯去么？"顾大嫂道："遮莫甚么去处，都随你去，只要救了我两个兄弟。"邹渊道："如今梁山泊十分兴旺，宋公明大肯招贤纳士。他手下现有我的三个相识在彼：一个是锦豹子杨林，一个是火眼狻猊邓飞，一个是石将军石勇，都在那里入伙了多时。我们救了你两个兄弟，都一发上梁山泊投奔入伙去，如何？"顾大嫂道："最好，有一个不去的，我便乱枪戳死他。"

……

良久，孙新道："请哥哥、嫂嫂去房里看病。"孙立同乐大娘子入进房里，见没有病人，孙立问道："婶子病在那里房内？"只见外面走入顾大嫂来，邹渊、邹润跟在背后。孙立道："婶子，你正是害甚么病？"顾大嫂道："伯伯拜了。我害些救兄弟的病。"孙立道："却又作怪，救甚么兄弟？"顾大嫂道："伯伯，你不要推聋妆哑。你在城中，岂不知道他两个是我兄弟，偏不是你的兄弟？"孙立道："我并不知因由。是那两个兄弟？"

……

孙立听罢，大笑道："我等众人来投大寨入伙，正没半分功劳，献此一条计策，打破祝家庄，为进身之报，如何？"石勇大喜道："愿闻良策。"孙立道："栾廷玉那厮，和我是一个师父教的武艺。我学的枪刀，他也知道；他学的武艺，我也尽知。我们今日只做登州对调来郓州守把，经过来此相望，他必然出来迎接。我们进身入去，里应外合，必成大事。此计如何？"

◎解读

顾大嫂与丈夫孙新在登州以开酒店为生，一般能开酒店的，除了长得一副好模样，还得会假耍风情。不过这顾大嫂除此之外，还武功高强，大胆义气。

顾大嫂的表弟解珍、解宝因猎虎遭到地主毛太公陷害，被毛太公勾结官府打入死牢。小牢子乐和是孙立的妻弟，与解珍兄弟有姻亲，有意搭救二人，遂暗中将此事告知顾大嫂。顾大嫂忙与孙新商讨对策。孙新纠合登云山好汉邹渊、邹润叔侄，商议劫牢救人，并打算逼兄长孙立一同参与。他们决定在事成后投奔梁山入伙。

顾大嫂谎称病重，将孙立夫妇骗到家中，而后将实情告知孙立，对他晓以利害，甚至拔刀威胁。孙立只得同意一同劫牢。次日，顾大嫂身藏贴肉尖刀，扮作送饭妇人，进入狱中，与孙立里外夹攻，劫了死囚牢，将解珍兄弟救出。孙立让顾大嫂夫妇与乐和护送妻子乐大娘子先行，自己与解珍兄弟、邹渊叔侄去杀死毛太公满门，然后星夜投奔梁山。

顾大嫂八人到达梁山后，得知宋江正率军攻打祝家庄，却两战不能破庄。孙立与祝家庄教师栾廷玉师出同门，便献破庄之策，作为进身之阶。他带着孙新等人，以调防郓州的名义进入祝家庄做卧底，最终与梁山兵马里应外合，攻破了祝家庄。期间，顾大嫂作为女眷，一直在后院保护乐大娘子，并在破庄时杀尽庄中妇人。而后，八人正式加入梁山。

二、母夜叉孙二娘

选文一：

（《水浒传》第二十七回）那妇人笑道："着了！由你奸似鬼，吃了老娘的洗脚水！"便叫："小二、小三，快出来！"只见里面跳出两个蠢汉来，先把两个公人扛了进去，这妇人后来桌上，提了武松的包裹，并公人的缠袋，捏一捏看，约莫里面是些金银。那妇人欢喜道："今日得这三头行货，倒有好两日馒头卖，又得这若干东西。"把包裹缠袋提了入去，却出来，看这两个汉子扛抬武松。那里扛得动，直挺挺在地下，却似有千百斤重的。那妇人看了，见这两个蠢汉拖扯不动，喝在一边说道："你这鸟男女，只会吃饭吃酒，全没些用！直要老娘亲自动手。这个鸟大汉，却也会戏弄老娘。这等肥胖，好做黄牛肉卖。那两个瘦蛮子，只好做水牛肉卖。扛进去，先开剥这厮。"那妇人一头说，一面先脱去了绿纱衫儿，解下了红绢裙子，赤膊着，便来把武松轻轻提将起来。武松就势抱住那妇人，把两只手一拘，拘将拢来，当胸前搂住，却把两只腿望那妇人下半截只一挟，压在妇人身上，那妇人杀猪也似叫将起来。那两个汉子急待向前，被武松大喝一声，惊的呆了。那妇人被按压在地上，只叫道："好汉饶我！"那里敢挣扎，正是：麻翻打虎人，馒头要发酵。谁知真英雄，却会恶取笑。牛肉卖不成，反做杀猪叫！

选文二：

（《水浒传》第三十一回）孙二娘笑道："天下只有你乖，你说这痴话，这个如何瞒得过做公的？我却有个道理，只怕叔叔依不得。"武松道："我既要逃灾避难，如何依不得？"孙二娘大笑道："我说出来，阿叔却不要嗔怪。"武松道："阿嫂但说的便依。"孙二娘道："二年前，有个头陀打从这里过，吃我放翻了，把来做了几日馒头馅。却留得他一个铁界箍，一身衣服，一领皂布直裰，一条杂色短穗绦，一本度牒，一串一百单八颗人顶骨数珠，一个沙鱼皮鞘子插着两把雪花镔铁打成的戒刀。这刀如常半夜里鸣啸的响。叔叔既要逃难，只除非把头发剪了，做个行者，须遮得额上金印，又且得这本度牒做护身符，年甲貌相又和叔叔相等，却不是前缘前世。阿叔便应了他的名字，前路去谁敢来盘问？这件事么么？"张青拍手道："二娘说得是，我倒忘了这一着。"

◎ **解读**

孙二娘和菜园子张青在十字坡开一人肉包子铺，专干杀人越货的勾当。

武松被发配到孟州，路过十字坡，险遭孙二娘的毒手。武松假装喝醉酒，捉住了孙二娘，孙二娘求饶，武松遂与张青、孙二娘夫妇相识。孙二娘夫妇后来和武松同归梁山。孙二娘夫妇担任梁山驻西山酒店迎宾使兼消息头领，迎来送往，打探消息。梁山大聚义时，孙二娘成为一百零八将之一，是梁山第一百零三条好汉，下应地壮星。随宋江征讨方腊时，孙二娘被杜微飞刀打中而死，后被追封为旌德郡君。

三、一丈青扈三娘

（《水浒传》第四十八回）来军正是扈家庄女将一丈青扈三娘，一骑青鬃马上，抢两口日月双刀，引着三五百庄客，前来祝家庄策应。宋江道："刚说扈家庄有这个女将，好生了得，想来正是此人，谁敢与他迎敌？"说犹未了，只见这王矮虎是个好色之徒，听得说是个女将，指望一合便捉得过来。当时喊了一声，骤马向前，挺手中枪，便出迎敌。两军呐喊，那扈三娘拍马舞刀，来战王矮虎，一个双刀的熟闲，一个单枪的出众。两个斗敌十数合之上，宋江在马上看时，见王矮虎枪法架隔不住。原来王矮虎初见一丈青，恨不得便捉过来，谁想斗过十合之上，看看的手颤脚麻，枪法便都乱了。不是两个性命相扑时，王矮虎却要做光起来。那一丈青是个乖觉的人，心中道："这厮无理。"便将两把双刀，直上直下砍将入来。这王矮虎如何敌得过，拨回马，却待要走，被一丈青纵马赶上，把右手刀挂了，轻舒猿臂，将王矮虎提离雕鞍，活捉去了。众庄客齐上，把王矮虎横拖倒拽捉了去。

……

那来军正是豹子头林冲，在马上大喝道："兀那婆娘走那里去？"一丈青飞刀纵马，直奔林冲，林冲挺丈八蛇矛迎敌。两个斗不到十合，林冲卖个破绽，放一丈青两口刀砍入来。林冲把蛇矛逼个住，两口刀逼斜了，赶拢去，轻舒猿臂，款扭狼腰，把一丈青只一拽，活挟过马来。宋江看见，喝声采，不知高低。林冲叫军士绑了，骤马向前道："不曾伤犯哥哥么？"宋江道："不曾伤着。"便叫李逵："快走！村中接应众好汉，且教来村口商议，天色已晚，不可恋战。"黑旋风领本部人马去了。林冲保护宋江，押着一丈青在马上，取路出村口来。当晚众头领不得便宜，急急都赶出村口来。祝家庄人马也收回庄上去了，满村中杀死的人，不计其数。

（《水浒传》第五十一回）宋江唤王矮虎来说道："我当初在清风山时，许下你一头亲事，悬挂在心中，不曾完得此愿。今日我父亲有个女儿，招你为婿。"宋江自去请出宋太公来，引着一丈青扈三娘到筵前。宋江亲自与他陪话，说道："我这兄弟王英虽有武艺，不及贤妹，是我当初曾许下他一头亲事，一向未曾成得，今日贤妹你认义我父亲了，众头领都是媒人，今朝是个良辰吉日，贤妹与王英结为夫妇。"一丈青见宋江义气深重，推却不得，两口儿只得拜谢了。

◎ 解读

扈三娘是梁山第一女将，长得十分漂亮，身手也十分了得，一双刀神出鬼没，更有用绳套的绝技，阵前用绳套捉人十分厉害。扈三娘原是独龙冈扈家庄扈太公的女儿，宋江攻打祝家庄时，扈三娘首战便捉了"矮脚虎"王英，后来她被林冲活捉。扈三娘上梁山之后，由宋江做媒，嫁给了小个子王英。后来征讨方腊时，丈夫王英为郑彪所杀，扈三娘前往报仇时又被郑彪抛出的石弹打落马，香消玉殒。

第二十九讲　女人要自尊

——简·爱和虎妞的对比阅读

选文一：虎妞设诱

（《骆驼祥子》第6章）"进来呀，有话跟你说！"她探出头来，半笑半恼的说。

他慢慢走了进去。

桌上有几个还不甚熟的白梨，皮儿还发青。一把酒壶，三个白磁酒盅。一个头号大盘子，摆着半只酱鸡，和些熏肝、酱肚之类的吃食。

"你瞧，"虎姑娘指给他一个椅子，看他坐下了，才说："你瞧，我今天吃犒劳，你也吃点！"说着，她给他斟上一杯酒；白干酒的辣味，混合上熏酱肉味，显着特别的浓厚沉重。"喝吧，吃了这个鸡；我已早吃过了，不必让！我刚才用骨牌打了一卦，准知道你回来，灵不灵？"

"我不喝酒！"祥子看着酒盅出神。

"不喝就滚出去；好心好意，不领情是怎着？你个傻骆驼！辣不死你！连我还能喝四两呢。不信，你看看！"她把酒盅端起来，灌了多半盅，一闭眼，哈了一声。举着盅儿："你喝！要不我揪耳朵灌你！"

选文二：虎妞骗婚

（《骆驼祥子》第9章）"祥子！"她往近凑了凑："我有啦！"

"有了什么？"他一时蒙住了。

"这个！"她指了指肚子。"你打主意吧！"

楞头磕脑的，他"啊"了一声，忽然全明白了。一万样他没想到过的事都奔了心中去，来得是这么多，这么急，这么乱，心中反猛的成了块空白，像电影片忽然断了那样。

（《骆驼祥子》第15章）婚夕，祥子才明白：虎妞并没有怀了孕。像变戏法的，她解释给他听："要不这么冤你一下，你怎会死心踏地的点头呢！我在裤腰上塞了个枕头！哈哈，哈哈！"她笑得流出泪来："你个傻东西！甭提了，反正我对得起你；你是怎个人，我是怎个人？我楞和爸爸吵了，跟着你来，你还不谢天谢地？"

选文三：虎妞难产

（《骆驼祥子》第19章）她去了有一点钟。跑回来，她已喘得说不上来话。扶着桌子，她干嗽了半天才说出来：医生来一趟是十块钱，只是看看，并不管接生。接生是二十块。要是难产的话，得到医院去，那就得几十块了。"祥哥！你看怎办呢？！"

祥子没办法，只好等着该死的就死吧！

愚蠢与残忍是这里的一些现象；所以愚蠢，所以残忍，却另有原因。

虎妞在夜里十二点，带着个死孩子，断了气。

◎ **解读虎妞的爱情**

虎妞贪吃懒惰，好逸恶劳，市侩气浓，由于自己是车厂主的女儿，在钱财和地位上有很大的优越感。就是在离开人和车厂搬到大杂院后，她也不忘处处显示自己的特殊地位：瞧不起大杂院里的那群穷苦人，觉得自己是唯一有吃有穿、可以走走逛逛的人，走路扬着脸，觉得很得意。

她骨子里带有剥削阶级享受的思想，不甘心"做一辈子车夫的老婆"，她希望自己能够安静地待在家里而祥子去靠租车赚钱，但祥子要的是自食其力，这是她和祥子思想的主要分歧所在。她对爱情与幸福的追求长期被压抑，心理也因之变态，在两性关系中占强势的地位。无论从性格、心计的角度分析，还是从阶级、经济地位的角度分析，虎妞跟祥子都不是一个重量级的选手。她就像一头狼，稳操胜券、步步为营，祥子在她跟前就像个纯良的小绵羊，除了掉眼泪、生闷气和傻笑之外，完全丧失了话语权。

虎妞既是一个沾染了旧社会许多恶习的妇女，又是以刘四为代表的剥削阶级另一种压迫的对象和牺牲品。

选文四：简·爱的平等观

（《简·爱》第26章）"不，你非留下不可！我发誓——我信守誓言。"

"我告诉你我非走不可！"我回驳着，感情很有些冲动。"你难道认为，我会留下来甘愿做一个对你来说无足轻重的人？你以为我是一架机器？——一架没有感情的机器？能够容忍别人把一口面包从我嘴里抢走，把一滴生命之水从我杯子里泼掉？难道就因为我一贫如洗、默默无闻、长相平庸、个子瘦小，就没有灵魂，没有心肠了？——你不是想错了吗？——我的心灵跟你一样丰富，我的心胸跟你一样充实！要是上帝赐予我一点儿姿色和充足的财富，我会使你同我现在一样难分难舍，我不是根据习俗、常规，甚至也不是血肉之躯同你说话，而是我的灵魂同你的灵魂在对话，就仿佛我们两人穿过坟墓，站在上帝脚下，彼此平等——本来就如此！"

"本来就如此！"罗切斯特先生重复道——"所以，"他补充道，一面用胳膊把我抱住，搂到怀里，把嘴唇贴到我的嘴唇上，"所以是这样，简？"

"是呀，所以是这样，先生，"我回答，"可是并没有这样。因为你已结了婚——或者说无异于结了婚，跟一个远不如你的人结婚——一个跟你并不意气相投的人——我才不相信你真的会爱她，因为我看到过，也听到过你讥笑她。对这样的结合我会表示不屑，所以我比你强——让我走！"

"上哪儿，简？去爱尔兰？"

"是的——去爱尔兰。我已经把心里话都说了，现在上哪儿都行了。"

"简，平静些，别那样挣扎着，像一只发疯的鸟儿，拼命撕掉自己的羽毛。"

"我不是鸟，也没有陷入罗网。我是一个具有独立意志的自由人，现在我要行施自己的意志，离开你。"

我再一挣扎便脱了身，在他跟前昂首而立。

选文五：简·爱拒绝做情妇

（《简·爱》第30章）"我得离开阿黛勒和桑菲尔德。我得永生永世离开你。我得在陌生的面孔和陌生的环境中开始新的生活。"

"当然。我同你说过你应当这样。我不理睬你一味要走的疯话。你的意思是你得成为我的一部分。至于新的生活，那很好，但你得成为我的妻子。我没有结过婚。你得成为罗切斯特太太——应当名实相符。只要你我还活着，我只会守着你。你得到我在法国南部拥有的一个地方，地中海沿岸一座墙壁雪白的别墅。在那里有人守护着你，你准会过着无忧无虑的幸福生活。决不必担心我会引诱你上当——让你成为我的情妇。你为什么摇头？简，你得通情达理，要不然我真的会再发狂的。"

他的嗓子和手都颤抖着，他大大的鼻孔扇动着，他的眼睛冒着火光，但我依然敢说——

"先生，你的妻子还活着，这是早上你自己承认的事实。要是按你的希望同你一起生活，我岂不成了你的情妇。别的说法都是诡辩——是欺骗。"

……

随后碧空中出现了一个白色的人影，而不是月亮了，那人光芒四射的额头倾向东方，盯着我看了又看，并对我的灵魂说起话来，声音既远在天边，又近在咫尺。它在我耳朵里悄声说：

"我的女儿，逃离诱惑吧！"

"母亲，我会的。"

从恍恍惚惚的睡梦中醒来后我做出了回答。

选文六：拒绝表兄求婚

（《简·爱》第37章）"我重复一遍，我欣然同意作为你的传教士伙伴跟你去，但不作为你的妻子。我不能嫁你，成为你的一部分。"

"你必须成为我的一部分，"他沉着地回答，"不然整个事儿只是一句空话。除非你跟我结婚，要不我这样一个不到三十岁的男人怎么能带一个十九岁的姑娘去印度呢？我们怎么能没有结婚却始终待在一起呢——有时与外界隔绝，有时与野蛮种族相处？"

"很好，"我唐突地说，"既然这样，那还不如把我当成你的亲妹妹，或者像你一样一个男人，一个牧师。"

"谁都知道你不是我的妹妹。我不能那样把你介绍给别人，不然会给我们两人招来嫌疑和中伤。至于其他，尽管你有着男子活跃的头脑，却有一颗女人的心——这就不行了。"

"这行"，我有些不屑地肯定说，"完全行。我有一颗女人的心，但这颗心与你说的无关。对你，我只抱着同伴的坚贞，兄弟战士的坦率、忠诚和友情，如果还有别的，那就是新教士对圣师的尊敬和服从。没有别的了——请放心。"

"这就是我所需要的，"他自言自语地说，"我正需要这个。道路上障碍重重，必须一一排除。简，跟我结婚你不会后悔的。肯定是这样，我们一定得结婚，我再说一句，没有别的路可走了。毫无疑问，结婚以后，爱情会随之而生，足以使这样的婚姻在你看来也是正确的。"

"我瞧不起你的爱情观，"我不由自主地说，一面立起来，背靠岩石站在他面前。"我瞧不起你所献的虚情假意，是的，圣·约翰，你那么做的时候，我就瞧不起你了。"

选文七：追求真正的爱情

（《简·爱》第40章）"罗切斯特先生，如果我平生做过一件好事——如果我有过一个好的想法——如果我做过一个真诚而没有过错的祷告——如果我曾有过一个正当的心愿——那么现在我得到了酬报。对我来说，做你的妻子是世上最愉快的事了。"

"因为你乐意做出牺牲。"

"牺牲！我牺牲了什么啦？牺牲饥饿而得到食品，牺牲期待而得到满足。享受特权搂抱我珍重的人——亲吻我热爱的人——寄希望于我信赖的人。那能叫牺牲吗？如果说这是牺牲，那当然乐于做出牺牲了。"

"还要忍受我的体弱，简，无视我的缺陷。"

"我毫不在乎，先生。现在我确实对你有所帮助了，所以比起当初你能自豪地独立自主，除了施主与保护人，把什么都不放在眼里时，要更爱你了。"

◎ 解读简·爱的爱情

罗切斯特是桑菲尔德庄园的主人，是有名望的绅士，家财万贯；而简·爱是个孤女，是个普通的家庭教师，而且其貌不扬。虽然他们之间存在巨大的差异，但简爱敢于追求真爱，具有相当的勇气。她的勇气来源于她对罗切斯特的仰慕、同情和爱。至于罗切斯特的财产，她根本没有放在眼里。他们结婚的时候，简·爱连一件首饰、一件婚纱都不愿要；她也不在乎什么热闹的仪式，她认为婚姻只不过是两个人的事，所以，只要有教堂的神父作证就可以了。

教堂结婚暴露罗切斯特已经结过婚这个事实，两个人都悲痛欲绝。绝望的罗切斯特甚至提出让简·爱做他的情人这样不合道德的要求，并找了种种理由说服简·爱。自尊的简·爱受到了严重的伤害，并且发出了爱的最高准则和呼声：我是爱你的，但是我不能答应你的要求，因为我是爱你的，所以，我必须离开你。她在桑菲尔德任何一个人都不知情的情况下悄悄地离开了这个伤心地。

如果圣·约翰不那么大男子主义，诚恳一点儿，简·爱很可能就成了她这位表哥（也是她的救命恩人）的妻子了。但是，圣·约翰太让简·爱失望了，他没有把简·爱当成一个独立完整的女性来真诚对待，于是，最后关头，简·爱挣脱了圣·约翰的手臂，向着自己渴望的地方奔去。

她回到了桑菲尔德，看到当年爱着的人遭受了重创——孤独和伤病，她走到双目失明的罗切斯特身边，问他，罗切斯特先生，如果你需要我，我就留下来。罗切斯特和简·爱的爱情超越年龄和物质，追求的完全是心灵的契合，我想这就是纯粹的爱情吧。

第三十讲　有一个愚蠢的母亲比没有母亲更可怕

——再读《简·爱》

初读《简·爱》，基本都是被简·爱敢于反抗的精神、勇于追求自由平等和真爱所吸引，至于里德太太三个孩子的命运、结局，根本就没怎么在意。再读《简·爱》，更多感慨是作为家庭教师的简·爱与桑菲尔德男主人的相爱似乎属于电影桥段，倒是觉得简·爱与里德太太三个孩子的成长似乎有天壤之别。简·爱从小寄人篱下，受尽屈辱后走向自立自强；约翰·里德从小养尊处优，败光了家产后自杀。这背后的原因不得不令人深思。

一、里德太太这个母亲，失败透了

里德太太，即简·爱的舅母，她有三个孩子，女儿伊莉莎和乔治安娜，儿子约翰。约翰经常威吓、惩罚简·爱，甚至会对简·爱拳脚相加，对于他辱骂、殴打简·爱，其他人并不会相帮，里德太太更是充耳不闻。

他欺侮我，虐待我，不是一周三两次，也不是一天一两回，而是经常如此。弄得我每根神经都怕他，他一走运，我身子骨上的每块肌肉都会收缩起来。有时我会被他吓得手足无措，因为面对他的恐吓和欺侮，我无处哭诉。用人们不愿站在我一边去得罪他们的少爷，而里德太太则装聋作哑，儿子打我骂我，她熟视无睹，尽管他动不动当着她的面这样做，而背着她的时候不用说就更多了。

简对约翰的感觉可以用两个字来形容——"暴君"。在平时，约翰也会把鸽子的脖子拧断、把小孔雀弄死、让一只狗去追羊等，从中可以看出，约翰的性格有多么残忍与冷漠，也为他最后凄凉、悲惨的结局埋下了伏笔。里德太太的两个女儿伊莉莎和乔治安娜，都是高傲冷漠、傲慢无礼的人。

里德太太是一个固执、护短、嫉妒、记仇、狠心且愚蠢的人。她根本不知道什么是心灵的美好、灵魂的追求、宽恕和慈悲。

我们相信，里德太太是爱着自己的孩子的，却因为她的愚昧和溺爱没把孩子们教育好。

其实一个人物童年时期的经历在其今后性格的形成中扮演着极其重要的角色。那个母夜叉一般的舅妈——里德太太，可谓简·爱的童年阴影，也正是这个庇护、宠溺、无原则的母亲，毁了三个孩子。

二、简·爱父母双亡，却成长得如此健康

简在出生后不久，父母便离世，她被寄养在有钱的舅母里德太太家里。里德太太是一个自私、冷漠的人，对于简·爱的到来十分不屑；又或许是因自己丈夫里德对父母双亡的简·爱的爱超过对自己的三个孩子产生了忌恨，10岁的简·爱开始在盖茨·里德府度过了她孤独、屈辱的童年。但即便如此，简·爱还是茁壮成长起来了：她思想丰富，勇于反抗，意志坚强，追求平等，最后收获了罗切斯特的爱情。罗切斯特比简·爱大了20岁，我想这里边包含了以下几个重要的因素。

1. 书伴成长

"每幅画都是一个故事，由于我理解力不足，欣赏水平有限，它们往往显得神秘莫测，但无不趣味盎然，就像某些冬夜，贝茜碰巧心情不错时讲述的故事一样。遇到这种时候，贝茜会把烫衣桌搬到保育室的壁炉旁边，让我们围着它坐好。她一面熨里德太太的网眼饰边，把睡帽的边沿烫出褶裥来，一面让我们迫不及待地倾听她一段段爱情和冒险故事，这些片段取自古老的神话传说和更古老的歌谣，或者如我后来所发现，来自《帕美拉》和《莫兰伯爵亨利》。

当时，我膝头摊着比尤伊克的书，心里乐滋滋的，至少是自得其乐，就

怕别人来打扰。"

……

我读过哥尔斯密的《罗马史》，对尼禄、卡利古拉等人物已有自己的看法，并暗暗做过类比，但绝没有想到会如此大声地说出口来。

简·爱被表兄妹孤立后，依靠舅舅里德留下的这些精神食粮，她的眼界得以开阔，精神得以富足。这为她的健康成长打好了底色。

即使高贵的主人咄咄逼人，简·爱也表现得无所畏惧。这都是书籍给予她的力量。

罗切斯特："你很沉着。像你这样身份低微的孤儿，哪来的这种沉着？"

简·爱："它来自我的头脑，先生。"

罗切斯特："是我看到的，你肩膀上的那个？"

简·爱："是的，先生。"

罗切斯特："你头脑中还有没有其他类似的东西？"

简·爱："我想它样样具备，先生。"

2. 内心强大

我照他的话做了，起初并不知道他的用意。但是他把书举起，拿稳当了，立起身来摆出要扔过来的架势时，我一声惊叫，本能地往旁边一闪，可是晚了，那本书已经扔过来，正好打中了我。我应声倒下，脑袋撞在门上，碰出血来，疼痛难忍。我的恐惧心理已经越过了极限，被其他情感所代替。

"你是个恶毒残暴的孩子！"我说，"你像个杀人犯——你是个奴隶监工——你像罗马皇帝！"

简·爱在寄居的舅妈家里，和骄横残暴的表哥约翰发生冲突。瘦小的她敢于和表哥扭打，并怒斥他。

她还敢于指责冷酷护短的舅妈：

你以为你是好人，可是你坏，你狠心。

简·爱的反抗性格和捍卫独立的人格是其精神的底色，更是她意志强大的表现。

3. 伟大的友谊

简·爱在被送进洛伍德学院后，结识了海伦。两人在花园初识，单纯的简·爱一下子就被海伦的学识吸引了。海伦因邋遢遭到斯凯丘小姐的毒打，简·爱气愤、无奈。她不解地询问海伦为何不解释原因，海伦说：

既然不可避免，就非忍受不可，命中该你忍受的事情，如果说你受不了，那是软弱和愚蠢的。

海伦的话引起了简·爱极大的震撼。海伦的善良与宽容在简·爱的心中埋下了种子。

简·爱竭力避免那位校长发现自己这个里德太太口中"品行恶劣，爱说谎"的孩子，却不小心打碎了石板而引起他的注意，接着，她被他罚站在凳子上，不断羞辱。当她快要精神崩溃时，她看到了海伦的目光与微笑：

那种崭新的感觉给了我多大的支持啊！就仿佛是一位殉道者、一位英雄，走过一个奴隶或牺牲者身边，在经过时赋予了他力量一样。

它就像天使脸上反射出来的光芒那样，照亮了她那不寻常的面容……

海伦给了简·爱极大的精神支撑，给了她无与伦比的精神力量。

海伦得了极重的病，死前，她告诉简·爱：

生命太短促，不能用来记仇蓄恨。

海伦与简·爱短暂的友谊给简·爱埋下了珍贵品质，海伦用她的温柔、善良、宽容，深深触动了简·爱。她们的友谊伴随着简的一生，也影响着简的一生。

4. 追求平等

第一次见面，简·爱在野外散步，罗切斯特骑马在回家的途中，不小心从马上摔了下来，他就这样突然闯进了简·爱的世界。罗切斯特对简·爱也产生了一种奇妙的感觉，可以说是一见钟情。他社会经验丰富，见过不同性格的女子，却在简·爱的身上感受到了温暖与宁静。之后简·爱救火、在半夜帮助他救治受伤的梅森，在桑菲尔德发生的一系列事情让两人的感情迅速升温。尤其当简·爱回门头府料理完舅妈的丧事回来时，罗切斯特迫不及待地等着简·爱的归来。

　　罗切斯特脾气暴躁，对人颐指气使。简·爱身为卑微的家庭教师，却没有卑躬屈膝。在罗切斯特面前，她就像一只高傲的黑天鹅，亦如一朵出淤泥而不染的荷花。简·爱的善良和淳朴让罗切斯特的内心变得柔软，看到了人世间的美好。无论身处何方，在人际交往中，简·爱始终不卑不亢，这种态度赢得了罗切斯特的尊重。

　　爱一个人，可以义无反顾地跨越阶级和身份去爱，但是她不能忽视罗切斯特疯妻的存在。她渴望丈夫感情专一，能拥有一份平等的爱情，而不是依靠和顺从。罗切斯特为了试探她而假意要娶贵族小姐时，她愤怒地说：

　　难道就因为我一贫如洗、默默无闻、长相平庸、个子瘦小，就没有灵魂，没有心肠了？——你不是想错了吗？——我的心灵跟你一样丰富，我的心胸跟你一样充实！要是上帝赐予我一点儿姿色和充足的财富，我会使你同我现在一样难分难舍，我不是根据习俗、常规，甚至也不是血肉之躯同你说话，而是我的灵魂同你的灵魂在对话，就仿佛我们两人穿过坟墓，站在上帝脚下，彼此平等——本来就如此！

　　简·爱表达爱情的方式不是甜腻的赞美、温柔的絮语，更不是祈求、诱惑或勾引。归根结底，她追求的是两颗心的平等结合。

　　简·爱非常重视自我，她说："我是自己的主人。"当罗切斯特提议到法国去过同居生活时，尽管这个方案对于热恋中的人来说具有无可争辩的诱惑力，但是她拒绝了——"我关心我自己"。"越孤独，越没有朋友，越没有人帮助，我越要自重"。

　　一个好女人幸福三代人：上孝公婆，下教孩子，夫妻和睦，家庭和谐。但如似里德太太般，就无好过有，因为其狭隘、凶暴，会摧毁一切，包括自己的孩子。

第三十一讲 个人独斗终无果，融入集体永不竭

——"小人物"祥子与保尔的奋斗史比较阅读

李秀琼（云浮市第三中学 广东省陈冰清名师工作室成员）

老舍的《骆驼祥子》，以城市贫民生活题材为视角，用同情的笔触描绘出一幕悲剧：20世纪20年代，祥子、二强子、老马等一帮穷苦百姓，就是社会中一群被剥削的奴隶，他们在金字塔的底端，也试着攀登过、努力过，但不幸的命运和腐朽的制度让他们的努力一次又一次地白费了，没有办法，没有希望，他们的心慢慢地死了，而他们的肉体也腐烂在沦丧的道德之中。

勤劳、壮实的乡下底层社会小人物——祥子，正是这芸芸劳苦大众中的典型。祥子离开破败凋敝的农村，只身来到北平讨生活，无可依靠，但他要强，靠着年轻强健的身子骨，以农民的质朴和固执，怀着发家、奋斗的美好梦想，认准了拉黄包车这一行，拉车挣钱，一心想攒钱买属于自己的黄包车。但当时军阀混战的社会动乱环境，不容有丝毫的个人奋斗。他三次买了车，三次又失去了，不是因为被抢就是因为遭勒索，或是苦于生计、被迫卖掉。祥子空有一身力气，却处处遭人欺负，别人不和他打架，却用枪、用钱、用权势、用悲惨的命运来压迫他。他的身心备受煎熬，可是没有人来体贴、安慰他。他的老婆虎妞，用计嫁给了他，这桩婚事虽然带给了祥子些许财产，但虎妞好吃懒

做，还妨碍祥子去挣钱，以致让祥子过的日子比结婚前的还苦。她虽然是他的老婆，却不懂得如何与人相处，以致祥子根本没有幸福可言。不久，虎妞因难产而死。邻居的女儿小福子愿意嫁给祥子，可是祥子觉得自己财力甚微，便约好等挣够了钱，再回来娶她。于是祥子出去拉车，这时的他虽然已经受尽折磨，别的希望都破灭了，但他还尚有一丝希望——小福子。他知道小福子是真正对他好的女人，他们是可以一起过上好日子的。他现在拉车便也全依赖着这一丝希望。如果这个梦想得以实现的话，那么这部小说也就是一部喜剧了。可是，当祥子最终回到大杂院小福子的家时，那里已人去屋空，小福子的父亲二强子苦于生计，把她卖到了窑子。当小福子上吊自杀后，祥子悲痛欲绝。从此祥子麻木、潦倒、好占便宜、自暴自弃，彻底抛弃了个人奋斗思想，任由残酷、腐败的黑暗社会摧残，最终堕落为自私麻木的行尸走肉。这是旧中国老北京贫苦市民的典型命运，揭示了当时"小人物"个人奋斗的希望最终必然破灭。

整部小说语言生动，文笔刚劲有力，刻画出了一群个性鲜明的人物形象，堪称老舍先生的代表作。这部小说所讲述的故事，虽然距离我们现在有上百年了，但它来源于曾经最真实的生活，是千千万万百姓生活中的一曲。通过它，我们至少可以知道：百年前的旧社会曾是那么黑暗，希望曾是那么渺茫，个人孤立奋斗终无果。

《钢铁是怎样炼成的》所描述的事件发生于1915年到20世纪30年代初俄国那一段历史时期。保尔·柯察金是作者奥斯特洛夫斯基着力塑造的中心人物，也是书中塑造得最为成功的共产主义战士的形象，在老布尔什维克朱赫来的影响下从自发的奋斗走向自觉的奋斗。保尔·柯察金懂得了不平等生活的社会根源，懂得了要想推翻旧世界，必须成为"勇敢坚强的阶级弟兄"和"坚决斗争的钢铁战士"。在积极投身保卫苏维埃政权的伟大斗争中，他认识到，一个人只有和祖国融合在一起时，才会创造出奇迹。他曾说："我赞成那种认为个人的事情丝毫不能与集体的事业相比的革命者。"

保尔总是把党和祖国的利益放在第一位，在那血与火的时代，保尔和父兄们一起驰骋于疆场，为保卫苏维埃政权，同外国武装干涉者和白匪进行了不屈不挠的斗争。在那医治战争创伤、恢复国民经济的年头，保尔又以全部的热情投入和平劳动之中，他那种苦干精神和拼命精神，显示了第一代建设者们的崇高品质。在修筑铁路中，保尔所在的潘克拉托夫小队"拼命走在前头"，以"疯狂的速度"进行工作。

保尔从未屈膝投降过，他总是随时准备承受对自己最沉重的打击。他经受住了一切考验。在对待友谊、爱情和家庭等问题上，他也经受住了考验，表现出崇高的共产主义道德原则。

保尔全身瘫痪、双目失明后，非常苦恼，不能自拔，由此他产生了自杀的念头。而自杀就等于背叛革命——正因为如此，手枪的枪口才那样"鄙夷地瞪着保尔的眼睛"，于是，他以冷酷无情的严峻态度谴责自己说："老兄，你平时说什么要干出一番英雄事业来，原来全是纸上谈兵！……你有没有尝试过战胜这种生活！……你已经尽了最大努力设法冲出这个铁环吗？即使到了生活实在难以忍受的时候，也要想办法活下去。要使生活变得更有益，没有比掉队更可怕的了。"对于一个双目失明的青年共产党员来说，他生命的全部就是能够继续为党工作。保尔以坚强的毅力克服了悲剧命运的打击，开始了为争取归队而进行的斗争。保尔也以自己的毕生精力，实践了自己的生活原则："人最宝贵的是生命，生命每个人只有一次。人的一生应该这样度过：当他回首往事的时候，不因虚度年华而悔恨，也不因碌碌无为而羞愧；这样，在临死的时候他就能够说：'我的整个生命和全部精力，都献给了世界上最壮丽的事业——为人类的解放而斗争。'"这是保尔战斗一生的真实写照，也是他革命乐观主义的深刻概括。保尔的奋斗史证明了，一个人只有和祖国融合在一起时，才会创造出奇迹。

从《骆驼祥子》《钢铁是怎样炼成的》中两个同时期的"小人物"祥子与保尔的奋斗史来看，个人力量是渺小的，只有融入集体才永不枯竭。

第三十二讲　娇艳带刺的玫瑰花

——解读《红楼梦》里的探春

温金梅（云浮中学　广东省陈冰清工作室成员）

《红楼梦》是一部从各个角度展现女性之美以及中国古代社会世态百相的史诗级著作。书中出现的人物有九百多位，如多情而又富有叛逆精神的贾宝玉、孤芳自赏而又多愁善感的林黛玉、贤淑善良而又巧于迎合的薛宝钗、才能出众而又泼辣狠毒的王熙凤等，无不栩栩如生、个性鲜明。其中，贾探春精明能干，富有心机，能决断，有"玫瑰花"之诨名，连王夫人与凤姐都忌惮她几分；她工诗善书，趣味高雅，曾发起建立海棠诗社，是大观园中的一位才女；她关心家国大事，有经世致用之才，曾主持大观园改革。

探春有一种如玫瑰花一样凌厉的美，她"削肩细腰，长挑身材，鸭蛋脸面，俊眼修眉，顾盼神飞，文采精华，见之忘俗"，不仅有女子的美丽，也有男子的气概，气度不凡。

但是，玫瑰花虽然好看，却扎手。探春的相貌给人以精明强干之感，有玫瑰花的艳丽与凌厉。贾琏的小厮兴儿都知道三姑娘是扎手的玫瑰花，他说："玫瑰花又红又香，无人不爱的，只是刺戳手。也是一位神道，可惜不是太太养的，'老鸹窝里出凤凰'。"

《红楼梦》第三十七回就写到探春号召组建了海棠诗社，取雅号为"蕉下客"，并作诗《咏白海棠限门盆魂痕昏》。

咏白海棠限门盆魂痕昏

斜阳寒草带重门，苔翠盈铺雨后盆。

玉是精神难比洁，雪为肌骨易销魂。

芳心一点娇无力，倩影三更月有痕。

莫谓缟仙能羽化，多情伴我咏黄昏。

这首诗交代了季节、场景，写了海棠之白、柔，最后写海棠与诗人融为一体。诗是诗人的一种自我解剖，贾探春以白海棠自喻，既描绘了白海棠的仙姿，又抒写出自己虽然生于日趋没落的家族中却有超凡脱俗的风范，也表达出对于无力扭转家族和个人命运的无奈。全诗节奏明快，气韵生动，感情较为直白，充斥着萧瑟之感，彰显了探春的文采精华、才华横溢，展现出玫瑰的娇艳。

从这一回可以看出，探春敢想敢做，给众人发去请帖，凭着高雅绝尘的气质，征服了大观园所有佳丽。不仅善诗词者积极响应，就连不会诗词的李纨、迎春、惜春也积极参与，倾力相助，充分展现出探春的组织才能。

在第四十六回，贾赦想暗地里强娶贾母的得宠婢女鸳鸯，不料东窗事发，贾母大怒，素有端庄贤淑美誉的王夫人、能言善道的凤姐、最得宠的宝玉均不敢辩，宝钗、李纨、迎春、惜春等晚辈更不敢开口，探春是"有心的人……因此窗外听了一听，便走进来赔笑向贾母道：'这事与太太什么相干？老太太想一想，也有大伯子要收屋里的人，小婶子如何知道？便知道，也推不知道。'"机敏、胆大的探春看准时机勇于答辩，适时为王夫人解了围，是一朵正直、有主张、有胆量、敢于承担的艳丽"玫瑰"。

这朵玫瑰除了芬芳艳丽，还带"刺"！

选文一：

（《红楼梦》第五十五回）众人先听见李纨独办，各各心中暗喜，以为李纨素日原是个厚道多恩无罚的，自然比凤姐儿好搪塞。便添了一个探春，也都想着不过是个未出闺阁的年轻小姐，且素日也最平和恬淡，因此都不在意，比凤姐儿前更懈怠了许多。只三四日后，几件事过手，渐觉探春精细处不让凤姐，只不过是言语安静，性情和顺而已。

可巧连日有王公侯伯世袭官员十几处，皆系荣宁非亲即友或世交之家，或有升迁，或有黜降，或有婚丧红白等事，王夫人贺吊迎送，应酬不暇，前边更无人。他二人便一日皆在厅上起坐。宝钗便一日在上房监察，至王夫人回方散。每于夜间针线暇时，临寝之先，坐了小轿带领园中上夜人等各处巡察一次。他三人如此一理，更觉比凤姐当差时倒更谨慎了些。因而里外下人都暗中抱怨说："刚刚的倒了一个'巡海夜叉'，又添了三个'镇山太岁'，越性连夜里偷着吃酒顽的工夫都没了。"

……

一时，吴家的取了旧帐来。探春看时，两个家里的赏过皆二十两，两个外头的皆赏过四十两。外还有两个外头的，一个赏过一百两，一个赏过六十两。这两笔底下皆有原故：一个是隔省迁父母之枢，外赏六十两；一个是现买葬地，外赏二十两。探春便递与李纨看了。探春便说："给他二十两银子。把这帐留下，我们细看看。"吴新登家的去了。

……

太太满心疼我，因姨娘每每生事，几次寒心。我但凡是个男人，可以出得去，我必早走了，立一番事业，那时自有我一番道理。偏我是女孩儿家，一句多话也没有我乱说的。

……

一面说，一面叫进方才那媳妇来问："环爷和兰哥儿家学里这一年的银子，是做那一项用的？"那媳妇便回说："一年学里吃点心或者买纸笔，每位有八两银子的使用。"探春道："凡爷们的使用，都是各屋领了月钱的。环哥的是姨娘领二两，宝玉的是老太太屋里袭人领二两，兰哥儿的是大奶奶屋里领，怎么学里每人又多这八两？原来上学去的是为这八两银子！从今儿起，把这一项蠲了。平儿，回去告诉你奶奶，说我的话，把这一条务必免了。"

荣府经济陷入困境，恰逢凤姐卧病，王夫人便命"才自清明志自高"的探春理家。贾府仆妇素昔眼空无人，以为探春是个"未出闺阁的年轻小姐，且素日也最平和恬淡"，因此办事懈怠不说，有机会还试图刁难。常言道，新官上任三把火，探春一上台就制止了贾府上下靠人情关系做事的风气，如探春生母赵姨娘之弟赵国基死了，吴新登媳妇有意试探刁难，不查旧例回明请探春拣择施行，反故作不知托词蒙混。探春坚持要吴新登媳妇查报旧例，并指出其意图刁难之私心，令其"满面通红"而去。探春说话严正，但始终面露笑容，不发威动怒，不失身份，也得以在其他婆子媳妇面前初步树立威信，使他们不敢耍滑欺瞒。

赵姨娘哭哭啼啼、死缠烂打来讨说法，认为赏银太少让她"没脸"，掌了家的女儿应"拉扯"她。探春则拿出旧账翻给她看，强调不敢"犯法违理"，让她无话可说；面对亲妈哭诉、同僚妥协、前任授意的三方夹击，探春则是顶住压力，当场断然拒绝徇私照顾；在后面，我们也经常看到，探春手边总是有一个账本，这就是她做事的依据。探春是依据旧例，把自己置于法律之下，她的所言所行都有法的依据，让任何人都挑不出毛病。

选文二：

（《红楼梦》第五十六回）平儿进入厅中，他姊妹三人正议论些家务，说的便是年内赖大家请吃酒，他家花园中事故。见他来了，探春便命他脚踏上坐了，因说道："我想的事不为别的，因想着我们一月有二两月银外，丫头们又另有月钱。前儿又有人回，要我们一月所用的头油脂粉，每人又是二两。这又同才刚学里的八两一样，重重叠叠，事虽小，钱有限，看起来也不妥当。你奶奶怎么就没想到这个？"

……

三人只是取笑之谈，说了笑了一回，便仍谈正事。探春因又接说道："咱们这园子只算比他们的多一半，加一倍算，一年就有四百银子的利息。若此时也出脱生发银子，自然小器，不是咱们这样人家的事。若不派出两个一定的人来，既有许多值钱之物，一味任人作践，也似乎暴殄天物。不如在园子里所有的老嬷嬷中，拣出几个本分老诚能知园圃的事的，派准他们收拾料理，也不必要他们交租纳税，只问他们一年可以孝敬些什么。一则园子有专定之人修理花木，自有一年好似一年的，也不用临时忙乱；二则也不至作践，白辜负了东西；三则老嬷嬷们也可借此小补，不枉年日在园中辛苦；四则亦可以省了这些花儿匠山子匠打扫人等的工费。将此有余，以补不足，未为不可。"

......

探春听了，便和李纨命人将园中所有婆子的名单要来，大家参度，大概定了几个。又将他们一齐传来，李纨大概告诉与他们。众人听了无不愿意，也有说："那一片竹子单交给我，一年工夫，明年又是一片。除了家里吃的笋，一年还可交些钱粮。"这一个说："那一片稻地交给我，一年这些顽的大小雀鸟的粮食不必动官中钱粮，我还可以交钱粮。"

探春才要说话，人回："大夫来了，进园瞧姑娘。"众婆子只得去接大夫。平儿忙说："单你们有一百个也不成个体统，难道没有两个管事的头脑带进大夫来？"回事的那人说："有，吴大娘和单大娘他两个在西南角上聚锦门等着呢。"平儿听说，方罢了。

众婆子去后，探春问宝钗如何。宝钗笑答道："幸于始者怠于终，缮其辞者嗜其利。"探春听了点头称赞，便向册上指出几人来与他三人看。平儿忙去取笔砚来。他三人说道："这一个老祝妈是个妥当的，况他老头子和他儿子代代都是管打扫竹子，如今竟把这所有的竹子交与他。这一个老田妈本是种庄稼的，稻香村一带凡有菜蔬稻稗之类，虽是顽意儿，不必认真大治大耕，也须得他去，再一按时加些培植，岂不更好？"

在第五十五、五十六回，探春采取蠲免费用，节约开支。探春的第二把火烧向别人，也烧向自己，她提出取消宝玉、贾环、贾兰三人上学的点心、纸笔月银子，因为该项是以上学为名的开支，实际上贴了袭人、李纨、赵姨娘；把各位姑娘每月脂粉钱二两银子也取消了，因为各位姑娘每月各有其月费银子，此项改革主要缩减了重复开支，也剥夺了府中买办、采办姑娘、丫鬟脂粉的权力，杜绝了浪费，起到了节流的作用。

在管家赖大家"和他们家女儿说闲话"，探春有了改革意向，广泛征求意见再实施：一是征得前任王熙凤的同意；二是和李纨、薛宝钗商量，统一思想，然后把所有婆子名单要来，三人商量着确定人选；三是招来这些婆子征求她们的意见，"众人听了，无不愿意"，有的主动提出管竹子、有的主动提出管稻地，充分调动大家的积极性。

　　探春实行承包来管理大观园，开辟财源，将园圃、池塘等委派给园中服役的婆子、媳妇等承包起来，除供给姑娘的头油、脂粉、花瓶、鸟食外，各自享用剩下的盈余。这样一举三得，既开辟了财源，又调动了家人干事的积极性，还杜绝了手下赌博喝酒闹事的现象，不仅维护了贾府的秩序，还保证了大观园的供给和四时美景，给日薄西山的贾府带来一些希望的曙光。

　　探春在管家期间展现出强烈的兴家救世责任感、大公无私的非凡勇气、雷厉风行的做事风格。这让这朵带刺的玫瑰开得更灿烂艳丽。

　　选文三：

　　（《红楼梦》第七十四回）又到探春院内，谁知早有人报与探春了。探春也就猜着必有原故，所以引出这等丑态来，遂命众丫鬟秉烛开门而待。

　　一时众人来了。探春故问何事。凤姐笑道："因丢了一件东西，连日访察不出人来，恐怕旁人赖这些女孩子们，所以越性大家搜一搜，使人去疑，倒是洗净他们的好法子。"探春冷笑道："我们的丫头自然都是些贼，我就是头一个窝主。既如此，先来搜我的箱柜，他们所有偷了来的都交给我藏着呢。"说着便命丫头们把箱柜一齐打开，将镜奁、妆盒、衾袱、衣包若大若小之物一齐打开，请凤姐去抄阅。凤姐陪笑道："我不过是奉太太的命来，妹妹别错怪我。何必生气。"因命丫鬟们快快关上。

　　……

　　那王善保家的本是个心内没成算的人，素日虽闻探春的名，他自为众人没眼力没胆量罢了，那里一个姑娘家就这样起来，况且又是庶出，他敢怎么。他自恃是邢夫人陪房，连王夫人尚另眼相看，何况别个。今见探春如此，他只当是探春单恼凤姐，与他们无干。他便要趁势作脸献好，因越众向前拉起探春的衣襟，故意一掀，嘻嘻笑道："连姑娘身上我都翻了，果然没有什么。"凤姐见他这样，忙说："嬷嬷走罢，别疯疯颠颠的。"一语未了，只听"拍"的一声，王家的脸上早着了探春一掌。

　　探春登时大怒，指着王家的问道："你是什么东西，敢来拉扯我的衣裳！我不过看着太太的面上，你又有年纪，叫你一声嬷嬷，你就狗仗人势，天天作耗，专管生事。如今越性了不得了。你打量我是同你们姑娘那样好性儿，由着你们欺负他，就错了主意！你搜检东西我不恼，你不该拿我取笑！"

　　探春这朵带刺的"玫瑰花"，在抄检大观园的时候，早早收到了消息，秉烛以待，并护着房中的丫鬟。凤姐都只是将搜查当个形式，谁知愚蠢而自以为是的王善保家，想要试试探春是否真的那么厉害，偏去拉探春的衣裳，以为探春不敢拿她怎样。可这是带刺的"玫瑰"呀，不是温婉的"二木头"，探春可忍不下这口气，当着众人的面，不仅一巴掌呼过去，还将对方一顿臭骂，又拉着凤姐要搜检，免得奴才来翻自己的衣裳。弄得王善保家的尴尬极了。凤姐和平儿好生安抚探春，那婆子还叽叽歪歪的，探春喝命丫鬟："你们听着他说话，还等我和他拌嘴去不成。"侍书一听，立马回了王善保家的好几句。凤姐都感慨："好丫头，真是有其主必有其仆。"在抄检大观园中，探春是唯一具有主控权的小姐，充分表现出一捍卫下人的领导者风范并明白地表示人格被怀疑的愤怒。相较于贾迎春的懦弱、贾惜春的明哲保身，探春对抄检这般不合理的事采取充分准备并正面迎战，令人不得不服、不得不赞叹。

　　探春是名副其实的"玫瑰花"，她精明能干、志向远大，有一股努力改变的劲儿，瑰丽无比，吸引着我们现代人的目光。而她"有刺扎手"，让那些轻视、践踏她的人亲近不得。

第三十三讲 以信仰为坐标，
以奋斗为底色

——保尔的成长解读

徐晓毅（云浮中学 广东省陈冰清工作室成员）

　　部编版初中语文教材中，八年级下册推荐阅读的其中一本经典名著是《钢铁是怎样炼成的》。此书是苏联作家尼古拉·奥斯特洛夫斯基所著的一部长篇小说，于1933年写成。小说讲述保尔·柯察金从一个不懂事的少年到成为一个忠于革命的布尔什维克战士，再到双目失明却坚强不屈创作小说《暴风雨所诞生的》，成为一块坚强的"钢铁"（他的精神）的故事。

　　正如作家张洁所说："这本书在我的成长过程中有很大的影响。书中浓郁的英雄主义、理想主义、献身主义在相当长的时间里成为我精神生活最重要的支柱。"这部红色经典，之所以具有持久生命力和鼓舞人心的力量，是因为作品凝聚了为崇高理想而献身的精神、顽强的意志以及奋斗不止的品质，而这些放在任何一个时代都是社会所呼吁的，更是一个国家、民族美好未来的希望之光。

　　初二是人生价值观、理想信念的重要塑造时期。初二的少年十三四岁，他们开始思考，人到底应该怎样度过自己的一生，心灵怎样才能在挫折困难中淬炼成长。保尔·柯察金以自己的实际行动做出了响亮的回答。而编者推荐给初二学生阅读，用意大概也在此，让阅读启发和滋养青少年，使其树立远大的理想，形成坚定的信念，决心以奋斗为人生的底色，这才是青少年应有的模样。

保尔·柯察金是在社会环境和周边人的影响下逐步成长起来的。纵观保尔这一无产阶级英雄形象的成长史，我们可以从革命思想启蒙及影响、感情生活的波折、系列的顽强战斗以及亲情的滋养等四方面来解读。

一、在朱赫来影响下坚定革命信仰

小说中少年的保尔生在黑暗的革命战争年代，出身于贫困人家，"地位低下"，自然不受老师的喜欢。神甫觉得保尔是个不学无术的坏小子，自然处处针对保尔，保尔经常受到神甫的不公平对待与变相体罚。保尔极度不满神甫的歧视、欺压，因做恶作剧报复神甫而被迫辍学。

车站食堂的打工生活。退学后的保尔成了一个车站食堂的小工，他的劳动生涯就这样开始了，一干就是两年。他虽然只有12岁，却能吃苦耐劳，甚至能忍辱负重。女工身不由己的不幸遭遇、底层人们的艰辛挣扎，"保尔窥见了生活的底层，霉烂味儿扑面而来，他憧憬着一个未知的清新世界……"此时，保尔已经对黑暗的食堂生活及现实社会忍无可忍了，理想与现实的强烈对比，使保尔开始思考人生道路，开始了解、关心政治。

保尔看到对方那沉稳的灰眼睛正在仔细观察他，这人身穿灰色上衣，从上到下都扣着纽扣，紧紧地箍住宽阔厚实的肩背，整个人俨如粗壮的老橡树，充满着力量。

……

朱赫来已经在发电厂工作了一个月，不知不觉中，保尔和这个不苟言笑的电工很亲密了。

……

朱赫来简明扼要地把英国式拳击讲解给保尔听。保尔为了掌握这种拳击法没少下功夫。他一次次地被朱赫来击倒，不知摔了多少跤，但依旧劲头十足，坚持学习。

保尔和朱赫来一同生活了八天。在这八天里，保尔从朱赫来嘴里听到了许多重要的道理，新鲜而激动人心。朱赫来讲得简明易懂。以前，保尔被一些漂亮的党派名称搞得稀里糊涂，现在才知道，只有一个政党才是真正的革命党，那就是布尔什维克党。朱赫来对年轻的锅炉工保尔讲述严峻的生活真理。"于是，那天傍晚，朱赫来给他们讲布尔什维克，讲列宁，帮助他们认识当前发生的种种事情"。

诸如以上选段，介绍了保尔遇见信仰导师朱赫来的一些情况，描写了他与朱赫来结识与成为亲密挚友的过程。一天，当了电工的保尔回到家里，结识了哥哥阿尔焦母的好友朱赫来。很快，朱赫来教会保尔拳击法；朱赫来为躲避追捕藏住在保尔家的日子里，给保尔详细讲述了很多革命理论、思想，保尔深受朱赫来的革命思想的影响与启发，坚定了通过走革命道路去追求一个全新的世界，就这样，保尔心中的反抗精神被强烈地激发起来。

后来，保尔为了搭救朱赫来，和押送兵斗争，从开始的"心头狂跳"，又"拿不定主意"的慌乱紧张，到"赶紧背过身去""朝黄胡子匪兵扑过去，抓住步枪，拼命地往下压"等动作，看出他在第一次投身危险的革命中那种懵懂、不沉稳的心理。但他知道眼前情形容不得再犹豫，很快沉着冷静下来，动作变得刚毅果敢，反映出他具有革命者的基本素质。天性里的反抗性和坚定性让他接受了考验，表现出他已初具革命英雄少年模样了，从此开始了一生的奋斗生涯。

人的一生，特别是少年时期，尤其在懵懂无知与迷惘之时，遇见好的师长、同伴，他们果真会像导航仪，成为我们人生中的重要引路人，让我们无论何时都不丧失对生活的信念与希望，在任何艰难抉择面前，都以信仰坚定自己的人生道路。

二、在感情波折中成熟

保尔的三次恋爱经历，是男生、女生比较感兴趣且留下较为深刻印象的地方。保尔·柯察金的感情经历，有力地回答了初中生该如何树立正确的爱情观，让学生感悟与思考美好的爱情特质是怎样的，从而领会崇高的人生理想信念可以战胜爱情经历的挫折。

1. 爱的觉醒——保尔与冬妮娅

少年保尔与我们当中的普通男孩儿一样。长相帅气，有活力，很聪明，会弹手风琴，会跳舞蹈，会偷懒，会做恶作剧，会和小伙伴吵架，也会被异性吸引。

冬妮娅好奇地倾听着。渐渐地，保尔已不感到拘束了，他像对老相识一样把他哥哥离家出走的经过也告诉了冬妮娅。他们俩亲切、兴奋地谈着，谁也没有注意到已经在那里坐了好几个小时。最后还是保尔突然想起该上班了，就跳了起来，说道："哎呀，该上班了，瞧，我聊得忘了时间了，该我烧锅炉了。达尼罗准会找我的麻烦。"他不安地对冬妮娅说，"哦，再见吧，小姐，我得赶快回去。"

……

又过去了几天。每一次会面，每一次谈话，都使他们的关系更加疏远，更加不愉快。保尔对冬妮娅的那种庸俗的个人主义愈来愈不能容忍了。

他们两个人都很清楚，感情的最后破裂已经是不可避免的了。

这一天，他们来到黄叶满地的库佩切斯基公园，准备作最后一次谈话。

……

冬妮娅望着金黄色的余晖，忧伤地说："难道咱们的友谊真的要像这落日，就这样完了吗？"

保尔目不转睛地看着她，他紧皱着眉头，低声说："冬妮娅，这件事咱们已经谈过了。不用说你也知道，我原来是爱你的，就是现在，我对你的爱情也还可以恢复，不过，你必须跟我们站在一起。我已经不是从前的那个保夫鲁沙了。那时候我可以为了你的眼睛，从悬崖上跳下去，回想起来，真是惭愧。现在我说什么也不会跳。拿生命冒险是可以的，但不是为了姑娘的眼睛，而应该是为了别的，为了伟大的事业。如果你认为，我首先应该属于你，其次才属于党，那么，我绝不会成为你的好丈夫。因为我首先是属于党的，其次才能属于你和其他亲人。"

保尔和冬妮娅是初恋情人，年轻自负的保尔愿意为冬妮娅付出生命，以此来表现自己的真性情，但这过分疯狂：为了忠诚于冬妮娅，他可以不惧危险纵身跳下悬崖；为了穿一身好看的衣服来见冬妮娅，可以拼命干好几天活。这些都体现了保尔的年轻气盛和他对冬妮娅爱情的小浪漫。保尔自认为赢得了冬妮娅的喜爱，但是最终成熟后的保尔献身革命，为爱情画下了句号。

但慢慢我们清楚发现，穷苦出身的保尔与小资家庭出身的冬妮娅，他们的阶级身份差异巨大。保尔想吸引冬妮娅参加工人革命运动是幻梦一场。

美好而脆弱，高贵却奢侈，保尔和冬妮娅革命阶级不同，没有一定的现实根基，恋爱如昙花一现。保尔从初恋中觉醒，认为自己"首先是属于党的"，从而也为后面的两次感情抉择情节做了铺垫。

2. 爱的遗憾——保尔与丽达

"亲爱的同志，你和丽达除了是目标一致的同志，并不存在其他任何关系，再说，如果那不是她的丈夫呢？或许是哥哥或叔叔吧……还是忘得一干二净最好。"

……

保尔没有听到丽达接着讲的话，对，今天应该去见她，把联系着双方的那条线掐断。难道现在是谈情说爱的时候吗？

……

大约三年之后，……

"虽然事情已经过去，但是我想你会告诉我的：当初你为什么要中断咱们的学习和咱们的友谊呢？"

"丽达，我想你是完全清楚的。这是三年前的事了，现在我只能责备当时的保尔。总的说来，保尔一生中犯过不少大大小小的错误，你现在问的就是其中的一个。"

"丽达，你说使人遗憾，是不是因为我永远只能是你的同志，而不能成为更近的人呢？"

"不是，保尔，你本来是可以成为更近的人的。"

"那么还来得及补救。"

"有点晚了，牛虻同志。"

不管保尔的革命信念有多么坚定，但是他还是个普通人，遇见气质优雅的女孩，依然会产生爱意，会有莫名的妒意，尚未成功的革命事业又使他限于感情困惑和矛盾之中，受"牛虻"的影响，要"彻底献身于革命事业"，所以按照"牛虻"的方式来了个不告而别，他以超级惊人的理性克制住了这份爱意，终止了感情发展，三年后，丽达已结婚生子。就这样，与丽达的爱情失之交臂，令人遗憾。保尔"革命时期的爱情不合时宜"的想法，像圣徒意义，为了革命理想而牺牲爱情，再一次义无反顾地选择了革命理想和为人类解放事业而奋斗。

3. 爱的成全——保尔与达雅

保尔和达雅的结合，在那个革命时代的大背景下应是圆满的。他们貌似拯救者与被拯救者的关系，实则表现出保尔作为一个寄托了广大无产阶级梦的斗士，沐浴革命礼赞，与达雅谈的完满崇高的恋爱。

保尔，在艰苦的革命战争年代，为了苏维埃政权的诞生，毫无保留地投身于革命洪流。在爱情上，他始终有清醒的意识，恪守"革命伴侣"的原则，把共同革命作为建立爱情的基础；当爱情与革命产生冲突时，果决选择后者。

英国哲学家罗素说："对爱情的渴望，对知识的追求，对人类苦难不可遏制的同情心，这三种纯洁但无比强烈的感情支配着我的一生。"爱自己是小爱，爱自己熟悉的人是博爱，爱陌生人和所有的远方，便是一份责任、担当和勇气。长路漫漫，唯有坚定信仰、唯有奋斗才令人笃定、令人充实。

三、信仰在战斗中闪光

与波兰敌军的英勇战斗。经过战火的洗礼，保尔迅速成长为一名机智、冷静、勇敢的战士。他主动申请"转到骑兵第一集团军去"，站在战斗的最前线，勇做"排头兵"。他"誓为师长报仇，把一个排的波军全部砍死"，在追击逃敌时，被敌军大炮灼伤了他的脑袋。这是保尔第二次面对死亡的威胁。保尔有着顽强的意志力，有一次战争中，他的头部受了伤，昏迷了十三天，右眼失明，但他敢于对命运说不、对死神说不，他坚持继续战斗，从革命阵地转为后方后参加了肃反工作。

与繁重的肃反工作斗争。紧张繁重的肃反工作使保尔的健康状况恶化，受伤后的头疼病时常发作，连续熬夜使他晕倒。这是保尔第三次死里逃生。随后保尔到铁路总厂担任共青团的书记，但为了保障百姓冬日取暖的生活必需，他又申请了到森林里筑路。

与恶劣的筑路环境斗争。这段经历是保尔一生中最精彩的片段，因为当人有选择权，可以选择安逸的环境时，能够毫无保留地贡献自己的力量是最为难能可贵的，况且保尔伤病累累，他有充分的理由请辞，但他毅然决然地去了，而且干到倒下才结束。武装土匪的骚扰、冰冷的森林、讨厌的秋雨、透风的房子、常常饥寒交迫、繁重的工作都在侵蚀着保尔的身体，但"他们又都抱着同一个志愿：把这钢铁动脉通到那堆放大量木材资源——温暖与生命的泉源那里去！"过度的疲劳、旧伤的缠身让他又"患上肠伤寒，并发大叶性肺炎，体温高达41度"，这是他第四次面临死亡的威胁。青春的生命终于战胜了病魔，顽强的生命力和意志炼成了无价之宝——钢铁战士。

1927年，在全身瘫痪、双目失明后，他也曾一度灰心丧气，失去了活下去的勇气，但坚定的革命信念又使他走出了低谷。在极端困难的条件下，保尔开始了创作。他生命的全部需要就是能够继续为党工作。

在那血与火的战争年代，保尔浴血奋战，甘愿为革命事业献身，不怕牺牲。虽然他曾经金戈铁马、血染疆场，但他不居功自傲，也没有考虑个人的名利地位，只想多为党和人民做点事情。党叫他修铁路，他去了；党调他当团干部，他去了。而且每次都是豁出命来干。他的身上凝聚着那个时代最美好的"为理想而献身的精神、钢铁般的意志和顽强奋斗"的高贵品质。

四、在亲情中发扬滋长

小说对保尔·柯察金的母亲与哥哥的着墨不多。但我们细心品味会发现，书中的亲情也在人性中熠熠生辉。

家庭的土壤对人生的影响最是深远。保尔调皮搞恶作剧被神甫剥削了上学权利，其母亲并没大发雷霆责骂儿子，相反，尽自己所能，为儿子谋份苦力活，母亲教子之宽容与理解，使保尔很快成熟和懂事起来。后来，保尔几经艰难险阻，也不忘给家里写信报平安或回家看望亲人。

保尔家里很穷，但母亲的包容与理解，与哥哥的手足情深、相互关心与支持，同样深深地打动着我们。保尔一直在家人的爱的沐浴中成长，哥哥和母亲是保尔坚实的后盾，这些都是滋养着保尔能成长为无产阶级革命战士的良好土壤。

总之，正像保尔·柯察金所说，"我的整个生命和全部精力都献给了世界上最壮丽的事业——为人类的解放而斗争"。保尔·柯察金的成长道路告诉人们，一个人只有在革命的艰难困苦中战胜敌人也战胜自己，只有在把自己的追求和祖国、人民的利益联系在一起的时候，才会创造出奇迹，才会成长为钢铁战士。习近平总书记说："心中有信仰，脚下有力量。"希望广大青少年从保尔·柯察金这一艺术形象中，汲取养分，从我做起，从现在做起，树立坚定的理想信念，筑牢信仰之基，做奋斗路上的"追梦人"。

第三十四讲　从《朝花夕拾》看鲁迅的儿童教育

——《阿长与〈山海经〉》《五猖会》《二十四孝图》和《从百草园到三味书屋》整合教学设计

选文一：

玩的时候倒是没有什么的，但一坐下，我就记得绘图的《山海经》。

大概是太过于念念不忘了，连阿长也来问《山海经》是怎么一回事。这是我向来没有和她说过的，我知道她并非学者，说了也无益；但既然来问，也就都对她说了。

过了十多天，或者一个月罢，我还记得，是她告假回家以后的四五天，她穿着新的蓝布衫回来了，一见面，就将一包书递给我，高兴地说道：

"哥儿，有画儿的'三哼经'，我给你买来了！"

我似乎遇着了一个霹雳，全体都震悚起来；赶紧去接过来，打开纸包，是四本小小的书，略略一翻，人面的兽，九头的蛇，……果然都在内。

这又使我发生新的敬意了，别人不肯做，或不能做的事，她却能够做成功。她确有伟大的神力。谋害隐鼠的怨恨，从此完全消灭了。

这四本书，乃是我最初得到，最为心爱的宝书。

书的模样，到现在还在眼前。可是从还在眼前的模样来说，却是一部刻印都十分粗拙的本子。纸张很黄；图像也很坏，甚至于几乎全用直线凑合，连动物的眼睛也都是长方形的。但那是我最为心爱的宝书，看起来，确是人面的兽；九头的蛇；一脚的牛；袋子似的帝江；没有头而"以乳为目，以脐为口"，还要"执干戚而舞"的刑天。

此后我就更加搜集绘图的书，于是有了石印的《尔雅音图》和《毛诗品物图考》，又有了《点石斋丛画》和《诗画舫》。《山海经》也另买了一部石印的，每卷都有图赞，绿色的画，字是红的，比那木刻的精致得多了。这一部直到前年还在，是缩印的郝懿行疏。木刻的却已经记不清是什么时候失掉了。

——《阿长与〈山海经〉》

选文二：

我笑着跳着，催他们要搬得快。忽然，工人的脸色很谨肃了，我知道有些蹊跷，四面一看，父亲就站在我背后。

"去拿你的书来。"他慢慢地说。

这所谓"书"，是指我开蒙时候所读的《鉴略》。因为我再没有第二本了。我们那里上学的岁数是多拣单数的，所以这使我记住我其时是七岁。

我忐忑着，拿了书来了。他使我同坐在堂中央的桌子前，教我一句一句地读下去。我担着心，一句一句地读下去。

两句一行，大约读了二三十行罢，他说：

"给我读熟。背不出，就不准去看会。"

他说完，便站起来，走进房里去了。

我似乎从头上浇了一盆冷水。但是，有什么法子呢？自然是读着，读着，强记着——而且要背出来。

粤自盘古，生于太荒，

首出御世，肇开混茫。

就是这样的书，我现在只记得前四句，别的都忘却了；那时所强记的二三十行，自然也一齐忘却在里面了。记得那时听人说，读《鉴略》比读《千字文》《百家姓》有用得多，因为可以知道从古到今的大概，那当然是很好的，然而我一字也不懂。"粤自盘古"就是"粤自盘古"，读下去，记住它，"粤自盘古"呵！"生于太荒"呵！……

应用的物件已经搬完，家中由忙乱转成静肃了。朝阳照着西墙，天气很清朗。母亲、工人、长妈妈即阿长，都无法营救，只默默地静候着我读熟，而且背出来。在百静中，我似乎头里要伸出许多铁钳，将什么"生于太荒"之流夹住；也听到自己急急诵读的声音发着抖，仿佛深秋的蟋蟀，在夜中鸣叫似的。

他们都等候着，太阳也升得更高了。

我忽然似乎已经很有把握，便即站了起来，拿书走进父亲的书房，一气背将下去，梦似的就背完了。

"不错。去罢。"父亲点着头，说。

大家同时活动起来，脸上都露出笑容，向河埠走去。工人将我高高地抱起，仿佛在祝贺我的成功一般，快步走在最前头。

我却并没有他们那么高兴。开船以后，水路中的风景，盒子里的点心，以及到了东关的五猖会的热闹，对于我似乎都没有什么大意思。

直到现在，别的完全忘却，不留一点痕迹了，只有背诵《鉴略》这一段，却还分明如昨日事。

我至今一想起，还诧异我的父亲何以要在那时候叫我来背书。

——《五猖会》

选文三：

只要对于白话来加以谋害者，都应该灭亡！

……

每看见小学生欢天喜地地看着一本粗拙的《儿童世界》之类，另想到别国的儿童用书的精美，自然要觉得中国儿童的可怜。但回忆起我和我的同窗小友的童年，却不能不以为他幸福，给我们的永逝的韶光一个悲哀的吊唁。我们那时有什么可看呢，只要略有图画的本子，就要被塾师，就是当时的"引导青年的前辈"禁止，呵斥，甚而至于打手心。我的小同学因为专读"人之初，性本善"读得要枯燥而死了，只好偷偷地翻开第一页，看那题着"文星高照"四个字的恶鬼一般的魁星像，来满足他幼稚的爱美的天性。昨天看这个，今天也看这个，然而他们的眼睛里还闪出苏醒和欢喜的光辉来。

——《二十四孝图》

选文四：

三味书屋后面也有一个园，虽然小，但在那里也可以爬上花坛去折蜡梅花，在地上或桂花树上寻蝉蜕。最好的工作是捉了苍蝇喂蚂蚁，静悄悄地没有声音。然而同窗们到园里的太多，太久，可就不行了，先生在书房里便大叫起来：

"人都到哪里去了！"

人们便一个一个陆续走回去；一同回去，也不行的。他有一条戒尺，但是不常用，也有罚跪的规则，但也不常用，普通总不过瞪几眼，大声道：

"读书！"

于是大家放开喉咙读一阵书，真是人声鼎沸……

先生读书入神的时候，于我们是很相宜的。有几个便用纸糊的盔甲套在指甲上做戏。我是画画儿，用一种叫作"荆川纸"的，蒙在小说的绣像上一个个描下来，像习字时候的影写一样。读的书多起来，画的画也多起来……后来，因为要钱用，卖给了一个有钱的同窗了。他的父亲是开锡箔店的；听说现在自己已经做了店主，而且快要升到绅士的地位了，这东西早已没有了罢。

——《从百草园到三味书屋》

◎ 问题讨论与交流

（1）认真阅读选文一，结合原文思考：长妈妈是一个怎样的人？为什么鲁迅在《朝花夕拾》中多次提到她？

（2）认真阅读选文二，思考为什么"我""诧异我的父亲何以要在那时候叫我来背书"。结合"我"的感受评价父亲的做法。

（3）阅读选文三，理解加点词语。

但回忆起我和我的同窗小友的童年，却不能不以为他幸福，给我们的永逝的韶光一个悲哀的吊唁。

（4）鲁迅在回忆自己童年故事时，多次提到对图书的渴望，读私塾时，就喜欢看带有插图的书，且经常加以描绘。生活中的你爱画画吗？喜欢临摹吗？你认为在紧张的学习中应该怎样保持自己的爱好？

"我是画画儿，用一种叫作'荆川纸'的，蒙在小说的绣像上一个个描下来，像习字时候的影写一样。读的书多起来，画的画也多起来……因为要钱用，卖给了一个有钱的同窗了。"

长妈妈买了《山海经》后，"此后我就更加搜集绘图的书，于是有了石印的《尔雅音图》和《毛诗品物图考》，又有了《点石斋丛画》和《诗画舫》。"

（5）结合《朝花夕拾》中的选段，思考：中国旧式儿童教育存在怎样的弊端？联系实际谈谈你认为好的儿童教育是怎样的。

推荐阅读：《风筝》（鲁迅）

理解句子：我偶而看到了一本外国的讲论儿童的书，才知道游戏是儿童最正当的行为，玩具是儿童的天使。

"游戏是儿童最正当的行为，玩具是儿童的天使"，游戏实在出于儿童天性，游戏使儿童活泼、健康、聪明。因此不准游戏，无异于扼杀儿童天性。鲁迅看到外国的儿童教育主张，认识了中国旧式教育的落后，愿中国的儿童教育改变落后的偏见，愿儿童精神从此不受压制，从此能够健康成长。

第三十五讲　和谐乡村，乡土情怀

——《乡土中国》整本书阅读学案单元设计

陈天带（广州市第八十九中学广东省陈冰清名师工作室学员）

一、单元概览

1. 你愿意接受挑战吗

《乡土中国》是费孝通所著的一部研究中国乡村社会特点的学术著作。作者基于自己田野调查的丰富积累，对中国传统社会结构进行了充分思考和分析，尝试回答"作为中国基层社会的乡土社会究竟是个什么样的社会"这个问题。对研究中国乡土社会的传统文化、社会结构具有开创性意义。假设你所在市区的区政府办公室下月将开展"天下兴亡匹夫有责，我为和谐乡村建设建言献策"征文活动，请你根据对《乡土中国》的阅读理解以及对乡村建设现状的调查与思考，写一篇不少于800字的论文（可以从乡村邻里关系、乡村管理、乡村文化建设等方面思考），并做成PPT在班级分享会上与同学们分享，接受老师或同学的质疑、讨论或评议。

"整本书阅读任务群"旨在引导学生通过阅读整本书，拓展阅读视野，建构阅读整本书的经验，形成适合自己的读书方法，提升阅读鉴赏能力，养成良好的阅读习惯，促进学生对中华优秀传统文化、革命文化、社会主义先进文化的深入学习和思考，形成正确的世界观、人生观和价值观。因此，阅读整本书的定位是形成阅读习惯，构建阅读经验，促进表达交流。

《社会中国》这本书属于社会科学学术著作。根据"新课标"对社会科学类著作的阅读要求，阅读《社会中国》这本书还要学习体验概括、归纳、推理、实证等科学思维方法，把握科学与文化论著观点明确、逻辑严密、语言准确精练等特点，最终培养求真求实的科学态度和勇于探索创新的精神。

2. 你需要学什么

本单元学习内容与课时安排

大任务	学习阶段	活动内容	指向学科核心素养	课时安排
你所在市区的区政府办公室下月将开展"天下兴亡匹夫有责，我为和谐乡村建设建言献策"征文活动，请你根据对《乡土中国》的阅读理解以及对乡村振兴现状的调查与思考，写一篇不少于800字的论文（可以从乡村邻里关系、乡村管理、乡村文化建设等方面思考），并做成PPT（幻灯片）在班级分享会上与同学们分享，接受老师或同学的质疑、讨论或评议	《乡土中国》导读	对《乡土中国》进行整体了解，激发阅读兴趣	语言的构建与运用、思维的发展与提升、审美的鉴赏与创造、文化的传承与理解	1
	《乡土中国》速读	每周读1～2章，历时大概7周，阅读过程中以思维导图梳理记录，以"课前三分钟阅读分享"跟踪检查		—
		阅读交流。安排1～2个课时对阅读中遇到的问题进行交流讨论，疏通阅读障碍		1～2
	《乡土中国》专题探究	《乡土中国》概念梳理与解释		1
		《乡土中国》论证推理与逻辑分析		2～3
		《乡土中国》当代价值探讨		1～2
	"天下兴亡匹夫有责，我为和谐乡村建设建言献策"论文分享	结合对著作的解读，调动积累，参阅材料，做好调查，解决现实问题，促进对著作的理解		2

3. 你将学会什么

（1）通过阅读著作、查阅资料、实地探访等，了解"礼俗社会""差序格局""血缘""地缘"等概念，感悟乡土社会特点，激发阅读《乡土中国》的兴趣。

（2）按照阅读计划，有步骤地阅读，养成阅读习惯，感受阅读的愉悦。

（3）通过思维导图的制作，感受作者的推理过程及论证逻辑，提高思辨力。

（4）通过小组合作、问题分析，感受《乡土社会》的理论价值，增强文化自信。

（5）通过《乡土中国》整本书阅读，结合资料分析和调查，完成"天下兴亡匹夫有责，我为和谐乡村建设建言献策"论文创作，体会个性化阅读的特点，构建适合自己的整本书阅读经验。

4. 给你支招儿

（1）根据单元大任务，建立阅读"预期"。阅读学术著作的目的一般较为明确，带着为解决当今乡村建设问题寻找答案的目的去阅读，明确的目的能带来更好的阅读效果。

（2）先"粗"后"细"，逐步推进。"粗"，即阅读"序言""后记"，了解作者的写作背景和目的，或是浏览目录，大体了解著作内容和章节结构。"细"，即注重概念、材料、论证、推理等要素，深入思考，不断提炼。阅读《乡土中国》，可以先根据篇章主题，积累概念，再细读文本，抓住关键概念和语句，感悟论证逻辑，最后观照全篇做成思维导图，更好把握作品的系统性和逻辑性。

（3）观照作者研究思路。《乡土中国》是基于田野调查的研究，阅读时要注意作者怎样从调查资料中提炼典型的现象，形成概念，又怎样上升到理论的高度进行阐释。

（4）反复阅读，积极思考。学术著作理论性强，涉及术语多，阅读时难免会遇到不明白的地方，这时就要多读几遍，调动自己的经验和知识，联系实际的社会现象，积极思考，还可以查阅资料来帮助理解。

二、学习进程安排

第一阶段：《乡土中国》导读

（安排1课时）

【学习目标】

（1）通过阅读任务情境创设，形成阅读期待，了解可能存在的阅读困难。

（2）通过同伴阅读分享、资料查阅，初步了解《乡土中国》与自己生活息息相关的地方，提升对《乡土中国》的阅读兴趣。

（3）借鉴常见的整本书阅读方法，初步制订《乡土中国》阅读计划。

【资源与建议】

（1）《乡土中国》作为社会学本土化的重要论著，对研究中国乡土社会传统文化、社会结构具有开创性意义。其通俗自然的用语和深入浅出的阐述，大大增强了该书的可读性，阅读本书时可重点关注这方面的内容。

（2）中国社会的"乡土性"在许多的著作中都有提及。在阅读过程中，我们可以针对自己在阅读中遇到的问题进行相关资料的搜索，以加深对著作的理解。

（3）初中整本书的阅读经验，如圈点批注法、摘录法、跳读法、问题探究法等，对《乡土中国》的阅读同样适用。

【评价任务】

（1）完成任务一中的活动2。（检测目标1）

（2）完成任务二。（检测目标2）

（3）完成任务三。（检测目标3）

【学习过程】

任务一：交流《乡土中国》阅读情况与相关学术类作品的阅读体验。（指向目标1，检测目标1）。

活动1：查阅关于《乡土中国》的文学常识，完成下面的填空。

《乡土中国》是当代社会学家_____创作的_____著作，全书由14篇文章组成，涉及_____、_____、_____、_____、_____、_____等各方面。在《乡土中国》中，作者用通俗、简洁的语言对中国基层社会的主要特征进行了概述和分析，全面展现了中国基层社会的面貌。全书主要探讨了差序格局、男女有别、家族、血缘和地缘等。《乡土中国》是学界公认的中国乡土社会传统文化和社会结构理论研究的重要代表作之一。

活动2：第一，宣布单元阅读大任务"你所在市区的区政府办公室下月将开展'天下兴亡匹夫有责，我为和谐乡村建设建言献策'征文活动，请你根据对《乡土中国》的阅读理解以及对乡村振兴现状的调查与思考，写一篇不少于800字的论文（可以从乡村邻里关系、乡村管理、乡村文化建设等方面思考），并做成PPT在班级分享会上与同学们分享，接受老师或同学的质疑、讨论或评议"。第二，分小组讨论，要完成这个任务，根据目录，初步判断可以在《乡土中国》哪些章节中找到根据，需要查找哪些方面的资料，希望获得哪些方面的帮助。第三，选代表在班上进行交流汇报。

任务二：阅读原著或查找相关评论资料，和同学们说一说《乡土中国》与自己生活息息相关的地方。（指向目标2，检测目标2）

提示：《乡土中国》与学生生活息息相关的地方有很多，很容易引起学生的共鸣。例如，近年来李子柒乡土视频的热播、"阳台菜园"的兴起，都源于乡土中国的"乡土性"；我们离开故乡，到外求学，总会需要很长时间适应新环境，我们所接触的中国文化中，离别是一个永恒的母题，这都源于"乡土社会"的安土重迁；我们填学籍资料、身份资料时所填的"籍贯"一栏，只与父辈的出生地有关，这是地缘性特点……

任务三：初步制订《乡土中国》阅读计划。（指向目标3，检测目标3）

活动1：根据你阅读学术类作品的方法，说说学术类著作应该如何阅读。

提示：圈点勾画法、批注法、跳读法、摘录法、表格梳理法、思维导图梳理法等方法都能使我们更好地理解著作中提到的观点和概念，有利于梳理作者的论证思路和文章结构。

活动2：制订你的《乡土中国》阅读计划（包括时间安排、进度安排、阅读方法等）。

任务四：小结与反思。

通过本课的学习，你对《乡土中国》的阅读有了哪些认识和想法？还有哪些困难？请举例说明。

第二阶段：《乡土中国》速读

（安排1～2课时开展阅读交流）

【阅读建议】

（1）自主阅读。每周阅读1～2章，过程中以"章节思维导图"进行跟踪和监督。

评价维度：思维导图的要素是否能包括该章节的重点概念，要素之间的关系是否符合该章节的论证思路与逻辑关系，能否提出自己的阅读困惑。

（2）阅读交流。平时以课前五分钟阅读交流的形式展开，每名学生把本周的阅读思维导图展示给同学看并说说自己对该章节的理解，分享阅读体验；安排1～2节课专门解决学生在阅读中的困惑，疏通阅读障碍。

第三阶段：《乡土中国》专题探究

（读完《乡土中国》整本书后，选择以下专题，

安排3～4课时开展阅读探究）

第一专题：《乡土中国》概念梳理与解释

【学习目标】

（1）通过浏览著作的"前言"及"后记"，了解本书的创作目的，帮助了解本书内容。

（2）通过梳理本书的核心概念，理解作者观点，积累相关的语言，了解乡土社会特点，增强文化自信。

【资源与建议】

（1）阅读《乡土中国》，总的要求是读通、读懂，理解基本内容，力求触类旁通。梳理著作中的核心概念，有利于厘清作者在相关领域中的探索与思考。

（2）抓住核心概念，找出概念间的关联。学术著作往往会提出一些重要的概念，然后从理论上进行解释。阅读本书时，我们要特别关注这些概念，如

"礼俗社会""差序格局""无讼""无为政治"等。抓住了核心概念，就掌握了阅读学术著作的"钥匙"。

（3）学术著作研究的是现实社会，因此把著作中的概念与中国及西方社会生活相联系，能帮助我们更好地理解作者的观点，也能反过来解释现实社会现象。

【评价任务】

（1）完成任务一。（检测目标1）

（2）完成任务二。（检测目标2）

【学习过程】

任务一：浏览著作的"前言"及"后记"，说说本书的创作目的。（指向目标1，检测目标1）

提示：《乡土中国》是费孝通在西南联大及云南大学所讲"乡村社会学"一课时，应当时《世纪评论》之约，而写成分期连载的14篇文章。借"乡村社会学"这一讲台来探究中国乡村社会的特点，目的是加深学生对中国社会的认识，引导年轻人敢于向未知的领域进军。

任务二：抓住核心概念，理解作者观点。（指向目标2，检测目标2）

费孝通在《乡土中国》的序言中说："它不是一个具体社会的描写，而是从具体社会里提炼出的一些概念。"请联系全书，梳理作者用以指称乡土社会的概念，以及与之相对应的指称其他社会的概念，填写下面的表格，并结合作者论述和相关资料理解其含义。

《乡土中国》概念梳理

指称乡土社会的概念	指称其他社会的对应概念
礼俗社会	
	借助文字的社会
差序格局	
	无差序兼爱
	家庭
阿波罗式的（同性原则）	

续　表

指称乡土社会的概念	指称其他社会的对应概念
横暴权力、同意权力、长老权力	
	司法诉讼系统
	有为政治
	地缘社会

任务三：小结与反思。

通过本课的学习，你都知道了《乡土中国》的哪些核心概念？这些概念中让你最深刻的是哪个？请举例说明。还有哪个概念是你读不懂的？请写出来，并在课后向同学或老师请教。

第二专题：《乡土中国》论证推理与逻辑分析

【学习目标】

（1）通过对章节思维导图的分析，看作者怎样通过辨识、分析、比较、归纳，提出问题和研究问题。在分析过程中提高自己的思辨力。

（2）通过对章节之间联系的分析，体会著作论述的系统性和整理性，形成学术类著作的阅读方法。

（3）通过分析作者的论证思路，感受作者对乡土中国的深厚情感，增强文化自信，培养爱国情怀。

【资源与建议】

（1）学术著作大多追求的是相关领域或某一专题上的探索和创造，重在理论发现或解决实际问题。阅读这类著作应注意它在前人研究的基础上有什么创造，这种创造经历过怎样的探索，具有怎样的价值。

（2）由于《乡土中国》很多章节的论证都用了其他社会体系的对比论证，因此，对西方社会格局的理解和探究有利于反过来理解中国乡土社会的特点。

（3）《乡土中国》由14篇论文组成，这些论文之间有着千丝万缕的联系，组成对中国乡土社会的深刻审视与分析，有着其整体性与系统性。在把握这个整体性时，我们应找到章节之间联系的点，如"差序格局"一章，里面提到了"地缘关系"以及"私的问题"，与后面的第五章《系维着私人的道德》以及第十二篇《血缘和地缘》有着联系。除此以外应该观照整本书的篇章结构，从而把握作者论述的整体性。

【评价任务】

（1）完成任务一。（检测目标1）

（2）完成任务二。（检测目标2）

（3）完成任务三。（检测目标3）

【学习过程】

任务一：在阅读著作的过程中，我们对每章节都用思维导图进行了梳理，请小组交流并选择小组认为做得最好的一章，上台与大家分享。在分享的过程中，请分析作者的论证思路及论证特点。（指向目标1，检测目标1）

评价维度：①思维导图的要素与关系是否与章节内容相符；②分享过程中是否能从作者辨识、分析、比较、归纳以及提出问题、研究问题和解决问题的维度进行分析；③对论证思路和论证逻辑的分析是否与文本相符。

任务二：在章节思维导图的基础上，抓住章节之间要素的关联性，尝试用"泡泡图"或者"树状图"的思维导图形式，梳理名著论述的逻辑网络。（指向目标2，检测目标2）

活动：学生分小组，把自己做过的每章节的思维导图拿出来，从14张思维导图中找到联系的点，讨论分析它们的逻辑关联性，形成最终的总的思维导图，投影到黑板上与大家分享。（这个活动可提前布置）

任务三：抓住相关的概念和判断，感悟作者的态度与情感。（指向目标3，检测目标3）

活动：在阅读的过程中圈点勾画，用旁批的方法把握作者对中国乡土社会特点的态度，并查找相关资料，联系实际，上台说说你对作者态度的理解。

任务四：小结与反思。

通过本课的学习，你是否知道了费孝通是如何论证乡土中国的相关概念的？你对他的哪种论证方法印象最为深刻？请你举个例子，写下来。

第三专题：《乡土中国》当代价值探讨

【学习目标】

（1）通过对《乡土中国》中社会现象及其阐述的梳理，体会作者是如何发现问题、提出问题和解决问题的，体会作者的创造性论述，从而增强自身的思辨力。

（2）通过对现代乡村建设的调查与走访，发现现代乡村建设中的问题，尝试与著作观点相对照，提高自己发现问题、分析问题的能力。

（3）通过运用著作中的观点，解释当代乡村建设中的问题，并尝试提出解决办法，培养自己解决问题的能力。

【资源与建议】

（1）《乡土中国》14篇论文基于作者的田野调查，行文间包含了丰富的中国乡村社会现象。读者在阅读过程中，应对这些现象进行圈点勾画，并旁批注解，结合现代乡村的生活现象进行对比分析。

（2）研究中国"乡土性"的著作很多，作者本身也著有《生育制度》《江村经济》《民族与社会》《乡土重建》等。现当代研究中国乡村问题的著作也不少，读者可以利用便利的网络资源，搜索相关文献著作，与《乡土中国》进行对比阅读，以求获得更深刻全面的理解。

（3）本著作在行文过程中，引用了不少传统文化著作，以印证自己的观点，如《论语》中的很多经典语录。读者在阅读中也应该自觉地把文中的观点与自己的积累相结合，如与自己对乡村生活的理解积累结合、与自己所熟悉的唐诗宋词或其他文学著作中的故事相结合，以便更深刻地理解作者的观点。

【评价任务】

（1）完成任务一。（检测目标1）

（2）完成任务二。（检测目标2及目标3）

【学习过程】

任务一：《乡土中国》中的社会现象与当代乡村社会现象对比分析。

快速浏览全文，圈点勾画出名著中提及的社会现象及其阐述，通过资料调查和实地采访，找出在乡村与城市碰撞融合的过程中，当代乡村社会的变与

不变。（指向目标1，检测目标1）

《乡土中国》中社会现象及阐释与你对当代乡村现象的思考对比分析

乡村社会	社会现象	作者阐释与你的思考	变与不变
《乡土中国》	定居是常态，迁移是变态	"土"是命根 乡土性	"土地""乡土性"依然是刻在中国人血脉中的文化基因
当代乡村	空巢老人和留守儿童状态	空巢老人的现象正是安土重迁的"乡土性"表现	
《乡土中国》	……	……	……
当代乡村	……	……	

任务二：中国当代乡村建设中的问题与《乡土中国》中的理论对照思考。

当代中国处于转型期，中国乡村发生了并发生着巨大的变化，当代乡村建设的问题是否能借鉴《乡土中国》中的理论加以分析解决？小组合作，把自己通过网络查找以及调查走访积累发现现代乡村问题进行梳理整合，尝试利用著作中的理论对其加以阐释，并找出解决办法。

利用《乡土中国》的理论分析解决当代乡村建设问题

当代乡村建设中的问题	理论联系与阐释	解决办法
空巢老人和留守儿童问题	"土"是命根 乡土性	企业转移到农村附近，增加农村就业岗位，让村民能在家门口上班
邻里关系问题	"差序格局" 中国人的"私"	利用文化宣传和乡村文化课堂培养村民社会公德 制定相关法规，规范村民行为
……	……	……

任务三：根据以上资料的整理和思考，完成"天下兴亡匹夫有责，我为和谐乡村建设建言献策"论文。

评价标准：论文是否有针对性，是否能针对当代乡村建设提出问题和分析问题；论文是否有系统性，是否能利用《乡土中国》中的理论分析乡村问题；论文是否有建设性，所提出的解决办法是否恰当，以及是否符合乡村的特性。

任务四：小结和反思。

本节课你是如何在繁多的社会现象中发现问题并提出问题的？你在阐述问题和解决问题的过程中遇到了什么困难？希望得到怎样的帮助？写下来，试着自己解决或寻求帮助。

第四阶段："天下兴亡匹夫有责，我为和谐乡村建设建言献策"论文分享
（安排2课时开展论文分享活动）

【学习目标】

（1）遁过小组论文分享，加深对《乡土中国》这一学术著作的理解和内化，提高自己的阅读能力及理论联系实际的能力。

（2）通过参与论文创作与听取别人的分享，感知不同个体对于同一文本的不同解读，感悟个性化阅读的魅力，构建自己的阅读经验。

（3）遁过论文答辩，学习吸收与评论别人的观点，清楚表达自己的观点，提高自己的辩论能力。

【学习过程】

1. 提示

（1）完成《乡土中国》整本书阅读以及完成以上三个阶段的研讨后，各小组准备好自己小组的交流文本和PPT。活动由语文课代表主持，每个小组推荐一个学生作为评委，评委按照标准，评出每个小组的成绩。教师对每个小组按标准打分。小组最后的分数由教师评分加评委评分除以小组数量组成。

（2）分享会流程：①主持人开场；②小组代表按抽签顺序上台分享论文，限时10分钟；③小组接受老师或同学的质疑和评议，小组学生回应及补充，限时5分钟；④小组汇报结束，学生评委和老师打分，算分的学生马上计算小组分数；⑤最后评出"最佳思路奖""最佳建议奖""最佳理论分析奖""最佳问题奖"等奖项，原则上每个小组都有奖，并举行颁奖仪式。

（3）评价标准。

评价标准

维度	评论点	分数/分
论文	是否针对乡村建设的问题	10
	是否依据《乡土中国》中的理论进行分析	10
	建议是否符合"和谐乡村"建设	10
	提出问题、分析问题、解决问题过程中论证思路是否清晰	10
	内容是否丰富，能否举出典型的例证和引用相关的名言印证观点	10
PPT	是否整洁美观	10
	能否涵盖自己的观点	10
小组答辩	是否能清晰表达观点	10
	有无体现小组合作意识	10
	能否利用《乡土中国》中的理论进行辩证	10

（4）分享会过程（略）。

2. 小结反思

从今天的汇报中，你学到了什么？对于学术论著的阅读，你积累了哪些方法和体会？请写下来，并与同学分享。